周满意 / 著

教育的守望

——一位校长的教育探索

辽宁大学出版社
Liaoning University Press 沈阳

图书在版编目（CIP）数据

教育的守望：一位校长的教育探索/周满意著. --
沈阳：辽宁大学出版社，2023.10
ISBN 978-7-5698-1342-5

Ⅰ. ①教… Ⅱ. ①周… Ⅲ. ①小学－学校管理 Ⅳ.
①G627

中国国家版本馆 CIP 数据核字（2023）第 138335 号

教育的守望：一位校长的教育探索
JIAOYU DE SHOUWANG：YIWEI XIAOZHANG DE JIAOYU TANSUO

出 版 者：辽宁大学出版社有限责任公司
　　　　　（地址：沈阳市皇姑区崇山中路 66 号　　邮政编码：110036）
印 刷 者：鞍山新民进电脑印刷有限公司
发 行 者：辽宁大学出版社有限责任公司
幅面尺寸：145mm×210mm
印　　张：6.75
字　　数：150 千字
出版时间：2023 年 10 月第 1 版
印刷时间：2023 年 10 月第 1 次印刷
责任编辑：李天泽
封面设计：徐澄玥
责任校对：郝雪娇
图书策划：吉书文化

书　　号：ISBN 978-7-5698-1342-5
定　　价：48.80 元

联系电话：024-86864613
邮购热线：024-86830665
网　　址：http://press.lnu.edu.cn

守望教育（代序）

◯刘建琼◯

　　《教育的守望》是长沙市清水塘小学周满意校长的教育实践探索文字，读着这位名校校长植根教育的心路历程和成长发展，颇为感动感慨。记忆中，我们是在 20 年前的一次骨干教师培训活动中相识的，那时，她是一名优秀的语文教师。讲完了课，她追着我提问，可见她对语文教学的执着和热爱，交谈中颇有真知灼见。后来再遇到她，她已经成为一名校长。听她说，在校长岗位上工作已 15 年了。这其间，或是在城郊小规模学校，或是在新建大规模学校，还是现在在老城名校担任校长，她所到之处都深受师生喜爱，办学深得老百姓认可。我一直在思考，是什么让个子瘦小的一位女性校长有如此强大的能量和魅力？今年年初，阅读她的《教育的守望——一位校长的教育探索》书稿，可以说算是找到了答案。

《教育的守望——一位校长的教育探索》记录了一位教育工作者赤诚的情怀。本书记述了作者的成长历程和教育见解，以及教书历经、办学经历，字里行间可以感受到她的学以致用、知行合一。她始终关注学生的成长，用爱和责任带好每一个班级，办好每一所学校。书中收录的一些教育随笔，无论是发表过的，还是在国培班或是区域业务交流中公开分享过的，都很能见出作者的思考和主张。她始终不改教育初心，热爱教育事业。

《教育的守望——一位校长的教育探索》记录了一位心系教育的实干家。本书呈现的真实生动的教学案例，有实践，有理论，有问题，有方法，思考切实深入。从关注特殊学生和否定性评价研究可以感受到作者作为校长的大爱；从新学校的校本培训和幼小衔接研究都可以看出作者作为校长的教育情怀；对教师和学生的科学评价可以感受到作者作为校长的大智慧；作业研究案例可以看出作者作为校长的教育担当。

《教育的守望——一位校长的教育探索》记录了一位学生们的引路人的责任担当。每周一次国旗下讲话，她一直在思考如何让学生们既听得懂又兴味盎然。作为校长，她每周与学生们相约星期一，坚持三年如一日，以讲故事的形式对学生进行理想信念教育、传统文化教育、爱国主义教育、文明礼仪教育等，引领学生们"扣好人生的第一粒纽扣"。

《教育的守望——一位校长的教育探索》言说教育情意，言说办学经历，言说教育故事，内容贴近生活，文笔流畅耐读，于校长、于老师甚至于家长和学生都颇具启发意义。校长们可以从书中找到办好一所学校的策略，老师们可以从书中获得专业成长的启迪，家长和学生们可以从书中阅读到激人奋进的故事，获得成长的力量。因此，这本书真的很值得一读。

麦田需要守望者的坚守，教育实在是一件"慢"的事情。但是，教育的守望会让你感受初心选择，不悔当初。如同"满意"这个名字一样，充实而惬意。意长纸短，难以写尽，愿简短的感言，成为对满意校长的点赞。

2023 年 7 月

刘建琼： 教育部基础教育语文教学指导委员会委员
湖南省教科院基础教育研究所所长
二级研究员、博士后导师、特级教师
享受国务院政府特殊津贴专家

目录

>> 第一辑 | 教育教学感悟

成长历程

3/一心只为大学梦

9/放弃也是一种责任

15/每一个经历都是成长

19/初为校长的"精准定位"

23/潜心追求自然教育

28/教育已成心中信仰

教育随笔

34/教育理论思考

34/民主型管理团队的培养

43/优秀校长首先应该是教育家

48/基于儿童视角的教育空间打造

55/长沙市名校集团化办学考察感悟

60/校史馆是教育与传承的重要阵地

　　——以长沙市清水塘校史馆建设为例

66/读书与学习感悟

66/《自由在高处》读后感

69/悟生命之道，明教育之本

　　——读曲黎敏的《精讲〈黄帝内经〉》有感

73/走向未来卓越学校的思考

　　——读《追求卓越》有感

76/学习即生活，生活即学习

　　——青年教师写作班学习心得

>>　第二辑｜教育教学案例精选

教学教研案例

81/案例一：特别的爱给特别的你

87/案例二：否定性评价要呵护孩子心灵

97/案例三：多元设计，提质减负

教育管理案例

111/案例一："评优"让教师不再"躺平"

121/案例二：指向科学幼小衔接的家校共

　　育实践探索

132/案例三：新建学校校本培训模式初探

147/案例四：创新学生日常奖励形式，激
发学生内驱力

>> 第三辑｜校长讲故事

爱国主义教育

159/我爱我的祖国——中国

161/爱国，从成为最好的自己开始

164/与孩子们聊电影《长津湖》

理想信念教育

167/全面发展，让理想之花精彩绽放

传统美德教育

169/养育之情，反哺之爱

171/勤俭，从我做起

174/日行一善，世界因你更美好

传统文化教育

176/一年之计在于春

心理健康教育

179/态度决定人生

181/悦纳自己，向阳而生

184/以最好的心态迎接期末考试

全面发展教育

187/热爱阅读

190/孩子们，请热爱艺术吧！

193/全面发展从劳动开始

195/每天锻炼一小时，幸福生活一辈子

民族精神教育

197/传承雷锋精神，做新时代的好少年

文明礼仪教育

200/做一个文明的长沙人

环保教育

202/爱鸟，从我做起

205/后　记

第一辑

教育教学感悟

　　仰望星空，脚踏实地。

　　生命的每一次经历都是自己成长的契机。我就是在一个个生命的历程中不断地思考、实践，于是成为现在的我。

📖 成长历程

生命如绚丽之夏花，

朵朵绽放争艳，

瓣瓣流香滴翠。

而我却执着于教育，

在且行且思中绽放精彩！

　　哲学大师康德说："每当我静静地伫立仰望那浩渺深邃的蔚蓝色的天空时，一种永恒的肃穆和生命的崇高庄严便油然而生——仿佛上帝在叩响自己的额头，一股神秘而伟大的力量如波涛般汹涌而来……"康德的仰望是追寻崇高，而我却是在追寻教育的乌邦托。也许，我抵达不了教育的理想境界，但我可以让教育理想不断引领着我在教育之路上行走……

3

③ 一心只为大学梦

　　每一天向着努力要达到的那个终极目标迈步还不够，还要把每一步骤看成目标，使它为下一步骤起作用。

1984年9月1日，那天秋高气爽，我正坐在教室里上课。那时，我正上四年级。突然，一阵"噼里啪啦"的鞭炮声由远而近，鞭炮声的持久与响亮让坐在教室里的我们上课的心飞出了窗外。在老师们的组织下，全校的学生争先恐后涌向了小山坡，我自然不例外。当我们驻足小山坡时，发现对面马路有一支浩荡的送行队伍，队伍中大约由几十个人组成，有十几米长。原来是姐姐考上了湖南省广播电视学校，上学路上乡亲们都自发相送，鞭炮声也是她从家里出发时就开始燃放，足足放了三里多路。

站在我旁边的是学校的几位老师，他们一边看热闹一边聊着："这是谁家的孩子？考上哪里了？"

"好像是某某家的二女儿，考上长沙的一所学校。"

"真了不起，我们这穷山沟竟然飞出了'金凤凰'！这好像还是我们公社近几年头一个。"

听在耳边，喜在心里，一股无形的力量便让四年级的我有了自己的梦想：考上大学，成为一名饱学之士。正是这样的梦想让年纪还小的我为自己的人生设定了目标：努力学习，考上大学。也正是有了这个目标，我意识要把人生前进的每一步骤看成目标，使它对自己的理想实现起作用。

在我小学四年级第二学期，村小学合并到公社联校，因为距离家里有2公里，我寄住在刚参加工作的姐姐家。每天晚上睡觉前，我会将第二天用来做早餐的米淘好，放在床头，把煤炉也放置在床边。每天清晨六点，伴随着旁边中学起床铃声，我便会从蒙蒙的睡意中醒来，将盛放淘好的米的小锅子放置在煤炉上，然后接着睡。等到了米饭上气煮开的时候，我便开始起床洗漱，并不断地揭开锅盖，用筷子搅动米饭，以做到受热均匀。翻动几次后，再煮几分钟，饭就熟了。我自己吃完早饭，就背着书包去上学。每天早起煮饭不仅没有影响到自己的睡眠和学习，反而练就了我坚强的意志，培养了自我管理的能力。

在我五年级第二学期时，因为父亲工作的调动，父母找我商量，让我转学到离家6公里的区属小学，理由是那里的老师很优秀，只是生活会更困难：一是因为父亲经常要深入农村，还会时常出差，几乎没有时间管理我的学习和生活，我必须得自己管理自己；二是父亲吃在单位食堂，因此我中午也只能在学校搭餐；三是晚上我也只能一个人住在爸爸的宿舍。可我什么也没想就答应了，因为我相信优秀的老师可以让我学得更好，那样就会离自己的目标更进一步。那个学期，我面临的"诱惑"很多，爸爸单位的会议室有一台彩色电视机，每天晚上六点多准时放动画片《花仙子》，但我很少会去观看；爸爸单位也有几个我的同班同学，但我们在一起几乎都是阅读和学习；大街上每逢3、6、9日开集市，上学放学我几乎从未在集市上逗留；每逢周末，我大多数时间是自己一个人步行6公里回家一趟，并保证在周日晚上赶回到爸爸的工作单位……小学的最后一个学期虽然不长，但却让我的自我管理能力又进一步。在面临是继续读小学六年级还是直接考初中时，我选择参加县中学和区中学的选拔考试，并以优良的成绩成为了省示范性中学——祁东县第二中学的一名初中生。

初中三年的学习生活给予我的不仅仅是知识，更是综合素质的全面培养。学校学习和生活内容很充实且丰富：跑操是雷打不动，早晨六点起床，在学校环形马路上跑步十圈；早晨上课前的寝室内务检查天天到位；每周一个下午的劳动课程，不是去学校豆腐厂观摩就是给学校鱼塘打鱼草；音、体、美课程内容丰富，美术课包括有国画、工笔画、素描等，体育课包括篮球、排球、足球、太极拳……

学校的老师专业水平很高，可谓名师汇集。生物老师上课从不带教材，但他"心中有书"，哪句话在哪一页他都能非常精准地告诉我们，他还经常带领我们认识学校的各种树木，了解它们的特性；音乐老师不仅教学音乐书上的乐理和歌曲，还会带我们唱《黄土高坡》《信天游》等当时很流行的歌曲，偶尔还会把自己谱写的歌曲教给我们；英语老师归纳总结了许多英语语法和发音的小窍门，减轻了我们英语学习中的困难……

学校育人方式遵循青春期发展规律。十一二岁的孩子们，远离父母，总是有管不住自己的时候，特别是男孩子，青春期精力旺盛，总有用不尽的劲儿。于是，同学们就会在周末时候打"双百分"、在秋天的时候去学校橘子园摘橘子，等等。每次有学生被抓，老师都会单独进行批评，甚至校长还会苦口婆心地教育：你们能考到这样的学校不容易，你们是来读书的，不是来捣乱的。记得在初二第一学期，因为班主任的变更，全班学习风气下降，我的学习成绩也急剧下滑，但在班级排名并未后退。初二第二学期，学校又一次为我们班调换了班主任，班级学风大有好转，但我的学习状况并未得到改变，在班级中排名却下跌了不少。班主任找我谈话："这次的考试成绩学校不会告知你父母，要想一想你读书的目的是什么？你自己尽快调整，争取期末考试向父母报喜。"那一刻，我对老师的感激无以言表。那一刻，我的人生目标再一次回响在自己的心中：努力学习，考上大学。我开始重新审视自己的成长，规划自己的学习。小学阶段课外阅读的缺乏让我偏科严重，数学成绩总能名列前茅，但文科的学习总无法融会贯通。于是，在学校林荫道上总会出现我背书的身影，自主学习的习惯也在这曲折的成长经历中得到进一步的养成和夯实，更重要的是全面发展的理念在我心中萌芽。

但是，人生不如意十之八九。在那个经济不发达的时代，加之父母年岁渐高，我只能选择就读师范院校。自知命运难以改变，也不忍心给家中增添负担，我只好遵从父命顺利考上了湖南第一师范。在师范学习的这三年，我综合素质得到全面提升，我一直刻苦读书，目的就是希望能够有机会进入大学学习。无论是自己喜欢的数理化，还是自己不擅长的语文，或者是自己从未接触过的手风琴，我对它们都倾注了自己最大的心血。但是，三年所有学科成绩综合排名班级第四的成绩让自己无缘大学之梦。师范毕业之后，我分配在长沙市一所很普通的学校担任班主任和语文教学工作。面对简陋的条件，我仍然一门心思把精力放在读书上，目标依然只有一个：跨入大学之门。

③ 放弃也是一种责任

人性的弱点之一就是：我们总是梦想着天边的一座奇妙的玫瑰园，而不去欣赏今天就开在我们窗口的玫瑰。

1994年5月10日，那是我参加工作第二年的第二个学期。这一天，学校迎接区级督导评估，一线老师的任务是要准备好第一学期的备课本、作业本以及备好一节随堂课。因为当时正值自学考试备考期，对于日常工作我尽可能在白天完成，下班后的所有业余时间都用来准备自学考试，或外出上自学考试辅导课，或在寝室复习，我希望在最短的时间内完成自学考试要求学习的汉语言文学专业专科和本科的全部课程，以尽快报考全日制研究生。正是怀着心无旁骛的学习之心，我并未把这次检查放在心上，而是认为凭借自己认真的工作态度应付这样的检查绰绰有余。但出乎我意料的是，当督导评估的专家走进我教室的一刹那，我突然非常紧张，脑中一片空白，对教案上的内容我毫无记忆，课堂教学效果可想而知。

下班时，校长找我谈话："周老师，说实话，你到底在今天的备课上花了多少时间？"

"备一节课的时间，一两个小时吧。"

"一两个小时怎么够？一堂优秀的课需要几经打磨，要做到心中有教案，这样面对陌生人来听课，你才不会紧张。正是你花的时间少，对教案不熟，上课才会慌。也正是你花的时间少，你所教班级的语文成绩才会落后于其他班级学生。作为一名年轻教师，既没有老教师丰富的教学经验，又不肯多花时间钻研和补短板，你又凭借什么可以做到不负学生，不负家长呢？"

校长的一席话令我醍醐灌顶。工作两年来，我的工作时间之外几乎用在了考试上，在教育教学的钻研上花费的时间微乎其微。难道我坚持自己人生的理想是错的？那天下班，我闷闷不乐地来到二姐家吃晚饭，姐姐、姐夫看着我心事重重的样子，便问起怎么回事。这时，我心中的想法便脱口而出："我不想当小学老师，我想坚持自己的理想——读大学。"

"一个人有理想没有错，'水往高处流'也没错。但我们生活在社会中，作为'社会人'也有社会的责任。不管你将来想干什么，既然你现在选择了当一名人民教师，你就应该努力做好自己分内的事，对每一个学生负责，努力做到你所教的学生不比平行班的学生差。"姐夫语重心长地说。

听到这里，我深深地感受到作为一名教师，比起远在天边的理想，我更在乎的是当下作为老师所获得的尊重以及当下个人的一种责任。因此，我决定：暂时放下远大理想，教好每一个学生，力争成为一名优秀的语文教师。从此，我开始欣赏身边"开在我们窗口的玫瑰"，也决心将自己的青春和热情献给我所有的学生们，献给这教育事业。于是，我在日记本上写上了这样三句话："十九岁，标志着长大；十九岁，标志着成熟；十九岁，无论是事业还是爱情，我都将为它们找到合适的位置。"

我开始规划自己的专业发展。首先努力提升自己的文学修养。我继续参加汉语言文学专业科目的自学考试，只是放慢了考试的节奏，规划上更关注系统的专业学习。在古代文学作品和文学史学习中，我从先秦的诸子百家，到屈原的《离骚》，到汉赋，到唐诗、宋词、元曲，再到明清的小说，为了卷面分值为 10 分的原文填空，我努力背诵了将近 60 个经典语段。尽管人到二十，记忆力不如年少的时候，对诗歌的感悟，对文学的敏感度却在背诵中一点点地增强了。在现当代文学作品和文学史的学习中，我开始喜爱上诗歌、散文。我比较关注当时流行的席慕蓉、尤今、三毛的作品，认真感悟戴望舒、徐志摩的诗歌，当自己一个人静静地待在宿舍的时候，我就会拿起他们的经典作品一遍又一遍地朗读。可以说，那几年我经常以诗为伴，伴诗而眠。也许是出于对诗歌的喜爱，加上当时汪国真的诗歌风靡全国，在湖南师范大学田中阳老师的指导下，我把本科毕业论文定为《论汪国真风潮》。尽管自己在文学领域有了一点启蒙，对诗歌有了一点研究，但论文答辩时的笨拙让我觉得自己是那样才疏学浅，我自觉还需不断地阅读、鉴赏和思考。我开始扩展我的阅读视角，世界名著、历史小说、现当代小说开始与我的人生相伴，名家散文、哲理小品更与我生活相随。我奔走于湖南省图书馆和新华书店之间，每天以书为伴。

其次，我努力提升课堂教学水平。我从阅读中积累教学理论。在书中，我结识了斯霞、袁榕、霍懋征、李吉林、丁有宽、于永正、贾志敏等一位位特级教师，"情境教学""读写结合""学法指导"等教学模式让我对语文教学有了新的认识。我在课堂教学实践研究中不断提升教学能力。1995年9月，我买来了第七册备课手册，并在扉页上写上了"从此刻开始……"。"模仿"成为我提高教学水平的首要办法。我模仿李吉林老师的"情境教学"执教《海底世界》，一边指导学生读书，一边引导学生想象海底奇妙的景象；我模仿丁有宽的"读写结合"，让孩子们每课一练笔；我模仿袁榕，用"教—扶—放"的模式教学《再见了，亲人》。每一次模仿都是一个小小的进步，我也悟出了一些语文教学的精髓：课内勤练语文基本功，课外广拓阅读量，激发学生学习语文的兴趣，教给学生学习语文的方法，培养学生良好的语文学习习惯。在模仿中我又慢慢把自己的所悟所想融入教学之中。1996年，几年一度的区级教学"新苗奖"选拔比赛开始了。我执教的是人教版课文《狼牙山五壮士》。课文所描写的故事离学生的生活太远，如何让学生走进课文，走进那段历史，激发学生对五壮士的崇敬之情是教学成功的关键。我一边引导学生自学，一边指导学生朗读，同时找来了电影片段辅助教学。悲壮的音乐，配合壮士们义无反顾的举动、铿锵有力的口号引起了学生强烈的共鸣。学生们激情澎湃，朗读入情入境。在历经校、片赛之后我顺利进入区赛，并从参加区赛比拼的 40 堂课中脱颖而出，获得了全区范围展示的机会。展示课上课地点是教育局的礼堂，观课现场有几百人。毕业这么多年我头一次在这样隆重的场合下比赛，但我却丝毫不紧张，因为在比赛之前我已经无数次一个人面对镜子默念，教案中的每一句话都深入到了我的心中，连影片播放的时间、放映的长短我都反复操练了不下十回，充分的准备让我在课堂上能够把一切注意力放在学生的"学"上。一切都在意料之中，课堂上学生在我的引导下自学发现和理解感悟，本次授课也赢得了观摩教师的热烈掌声。

再次，我努力提升自己的育人水平。我引导学生在阅读中丰富思想，从简单的《小故事大道理》到《安徒生童话》，再到《小王子》，从《神话故事》到《中华上下五千年》，再到"四大名著"，我与学生在儿童文学的海洋中徜徉，沐浴着书香，感受着文学的美好，让心灵受到阅读的滋养。我将课堂作为育人的主阵地。课堂上，我尊重学生，关注着每一名学生在课堂的表现，激励、指导、欣赏、对话，让自己的心贴近学生，让每一个学生在课堂上找到他存在的价值。不管是教学研究课、接待课、展示课，还是我平时的课堂，我总是把尊重学生、提升学生语文学习的体验、激发学生的思维放在了课堂教学的首位。课堂上，当学生陷入思索，一时不知如何回答时，我会驻足等待孩子们茅塞顿开；当学生回答问题出现错误时，我会循循善诱，让孩子们体会"柳暗花明又一村"；当孩子思绪飞扬、天马行空时，我会巧妙引导，让孩子们想象更趋合理。我将"爱"作为育人的前提。我开始关注特殊家庭的孩子，给他们更多关怀，安排他们在学校食堂吃饭，中午带领他们阅读；我利用下午放学后时间，把几个没有家长看护的小孩集中起来做家庭作业，为他们进行免费的作文辅导。"关爱差生""因材施教""循循善诱"等教学理念也让我对教育有了真正的理解。

　　功夫不负有心人，我在教育教学上获得了一个又一个成果。我职业生涯带领的第一个班级，在统考中成绩由最后一名提升到年级第二名，且与第一名班级的平均分相差无几；往后管理的每一个班级都深受家长和学生的认可；"优秀教师""十佳辅导员""明星教师"等荣誉也接踵而至；自己撰写的论文和教学设计也开始获奖和被权威刊物收录；课堂教学多次在市、区比赛中获奖……

每一个经历都是成长

一个人不是生下来就是他现在这样的，而是逐渐地成为他现在这样的。

——法国思想家爱尔维修

2005 年 9 月 9 日，我参加了全区教师节座谈会，与我同时参会的还有一所学校的校长。散会后，我们同坐一辆公共汽车回家。在车上，我们开始聊了起来。因为我们曾经同事，彼此非常了解，他向我抛来了橄榄枝："周老师，你愿意担任学校中层干部吗？如教导主任或者是教科室主任？"

"因为婆婆就是在担任代理校长时得的糖尿病，所以她一直不太主张我从事学校行政管理工作。"我犹豫道。"你先不急着回答我，还早，放寒假之前答复我就行。"校长说道。

回家后，我把校长的建议提上了家庭会议议程。老公说："工作主要是开心，你想去就去吧。""行政工作主要是与老师打交道，比较复杂，也富有挑战。如果想尝试，就要团结好人。一个学校要发展，班子的团结是关键。作为中层干部，一定要有奉献精神和服从意识。"婆婆说。

我又打电话征求父亲的意见。父亲意味深长地说："不想当将军的士兵不是优秀的士兵，人生就是要不断接受挑战，并不断超越自己。有这样的机会，爸爸支持你去，不过呀，爸爸希望你在任何岗位上都要干得比别人好，这样你才会得到别人的尊重和认可。"

是呀！人生不就是在不断挑战中成长的吗？岗位不同，经历不同，获得的成长也会不一样。于是，我决定：挑战自我，不断成长。

虽然岗位改变，但对教育的责任丝毫不减。当我在2006 年春季前往某学校担任中层干部的第一天，我就向校长主动请缨：一个人独自承担教导和教科两个部门工作，并立下军令状——一定管理好学校的教育教学工作。

在学校的支持下，我一方面规范学校教导工作。一是规范学籍管理。为了清理学校遗留的学籍档案，我独自一人在会议室用了 3 个晚上的时间把全校学生的学籍卡、成绩册、花名册整理得清清楚楚，做到转入转出手续齐全、资料规范，学校控辍率为 100%。在迎接市级示范性学校验收和湖南省"两项督评"检查中，做到了教导处的资料无一处错误。二是规范教学制度，实行三"制"三"评"。三"制"即"教学巡查制""随堂听课制""常规检查制"。学校的"常规检查制"以《长沙市中小学教学常规细则》和《开福区中小学教学常规细则》为标准，对教师的教学计划和教案撰写、授课、辅导、作业等方面提出了明确的要求，同时通过"教学巡查制""随堂听课制"等形式督促检查，及时总结。在制定教师教学常规的同时，我还牵头制定了《学生学习常规细则》，从学生课前准备到发言、倾听、读写姿势、课外阅读、课后复习等方面进行了规范。在随堂听课中，把教师的教学制度落实情况和学生的学习常规状况作为评课和总结的主要内容。针对部分年级，我还单独组织任课老师会议，把规范学生学习常规提到了比较重要的位置。通过这些措施的督促，大部分学生，特别是一年级学生的学习状况进步很大，收到了比较好的效果。"三评"指的是社会评价学校、学生评价教师、师生评价行政。通过"三评"，学校教育教学质量得到了学生、家长、社会的认可，学校管理工作也得到了教师的支持。

另一方面，创新学校教学部门工作。在学校整体规划下，我时刻告诫自己，一个优秀的教导主任最重要的工作目标就是提高学校的教育教学质量。于是，我从教师队伍建设、教学常规的过程管理、质量监测的定量分析等方面入手开展工作。在我的建议下，学校调整了部分老师的教学工作，如抽调有艺术特长的教师担任专职艺术老师，由组织能力强的老师担任专职综合实践老师，调整理科专业背景的老师担任专职科学老师，让有经验的班主任老师担任专职的品德与生活（社会）老师，选拔优秀有特长的年轻教师开发校本课程等。这样的工作安排使得每一个老师的特长得到充分发挥，让"专业的人上专业的课"，各门学科课程也得以丰富，真正实现促进学生全面发展。

教师队伍调整好后，如何提升教学水平？课题研究就是一条很好的路径。于是我带领全校语文教师开展市级"十一五"规划课题"新课程背景下小学语文家庭作业研究"。在课题的带动下，学校的教研活动呈现了许多特色，如专题研究、同课异构、集体备课、经验交流、青年教师基本功比赛等，形式丰富的教研活动为教师的业务能力培养提供了舞台。同时，为提高教师的业务能力，我每月组织教师进行一次业务培训，每两周组织一次教研活动，每期末布置教师阅读教育书籍并撰写读后感，让教师在学习中提高，在实践中提升。在"训、研、练"中，一个个优秀教师成长起来了，一批批学生也成长起来了。学校的所有艺术节目在省、市、区级比赛中均获不菲成绩，教师们在区级赛课中多次获奖。

2007年，当我手捧"优秀教导主任"的荣誉证书时，我看到学校被评为"2007年教育科研单位"时，当主持的市级"十一五"规划课题得到专家的肯定时，我心中充满的全是汗水换来的喜悦。

🕘 初为校长的"精准定位"

理想如晨星，我们永不能触到，但我们可像航海者一样，借星光的位置而航行。

——史立兹

2008年8月29日，在丹桂飘香的秋季，带着领导的信任，带着对教育事业的执着，我走上了校长岗位，成为了开福区一所城郊接合部小学的校长。

上任不久，我就开始拜访周边的乡镇和村支部主要领导，希望初来乍到的我能够得到地方政府的支持。

走进村书记办公室，我先做了自我介绍，村书记说："你一个城里妹子能办好乡村教育吗？"我连忙回答道："请书记放心，虽然我来自城市，但我成长于乡村，也是从农村通过读书改变自己命运的人，我知道乡村的孩子需要什么，我也知道乡村孩子的家长期盼的是什么，我一定会努力办好这所学校的。"

我又来到镇长办公室。镇长非常随和，他笑着跟我聊起天来："周校长，你是拿职称工资的，听说你还是开福区的明星教师，怎么会想起来农村学校当校长呢?"我毫不犹豫地回答道："为了心中的教育理想，我就是想办自己心目中最好的学校。"

当我选择来到农村之时，就决定在这里至少扎根三年；当我选择成为校长，就决心用爱心和责任心办好每一所学校，并确定自己人生的又一目标——做一个有思想的教育家。

尽管，成为"教育家型"的校长对于我来说是那么的遥远，但正如史立兹所说"理想如晨星，我们永不能触到，但我们可像航海者一样，借星光的位置而航行"。我开始朝着这个目标努力前行。

这一年，在好友唐泽霞的引荐之下，我走进了湖南师范大学刘铁芳教授组织的读书会"麓山之友"。同年，我通过全国联考，成为湖南师范大学教科院的在职教育硕士研究生。在教科院就读的三年，我大量阅读教育类名著，包括《理想国》《爱弥儿》《教育漫话》《给教师的建议》《教学勇气》《民主生活经验》《帕夫雷什中学》……

这一年，在教育局的安排下，我有幸参加了行干班、上海考察、校长高级进修班等一系列培训和活动。在活动和培训中，我不断阅读、学习、思考，在教育理想的追寻中不断反思、研究，我心中理想学校的样子也越来越明晰。于是，我将我的所读、所悟、所看、所想实践于这所师生共计只有200多人的城郊小学。

一方面，稳定压倒一切。我利用一切机会向村支两委讲述学校发展的未来前景，以取得他们的支持。对我充满质疑的村支书最后成为我的朋友；平等地与家长交流，阐述我重视养成教育的理念，引导家长以身作则，为学生良好习惯养成树立榜样；完善学校管理制度，让教师参与食堂管理、履行工会职责，做到校务公开透明，让每一位教师相信学校并能充分发挥主人翁精神。学校内外关系的理顺让全体家长、师生拧成一股绳，如同生活在一个大家庭，快乐着，幸福着。

稳定是基础，但唯有改变才能让学校得到更大的发展。我将学校办学理念定位为"行为养正，求真育美"。

德育处瞄准"行为养正"，严格实施《小学生日常行为规范》。首先，针对学校实际情况和学生年龄阶段和发展水平不同，从道德行为习惯、文明行为习惯、卫生习惯、学习习惯等几个方面对学生习惯养成提出具体的分阶段的目标和要求。其次开展系列教育活动，指导学生形成良好的行为。最后，家校合作，开展及时评价来督促学生形成良好的行为习惯。

教导处则从教学质量提升和经典诵读特色打造入手，达成"求真育美"的目标。学校实行小班制，坚决不让起始班级人数超过45人，3－6年级超过50人的班级一律扩班；

实行全员听课制，让每一个老师课堂教学达到良好状态，让每一堂课教学有效果；实行课后辅导制，全校教师集体联动，不让一个学生落下。经过一年的努力，学生的基础学力得到了大幅提升，学校的学风好转，学生间形成了一股你追我赶的劲头，学校办学质量稳步提升。

学校引导教师将经典古诗文阅读与学生全面发展结合起来。语文老师们用自己的智慧引领着孩子们阅读，举办"经典名著推荐会"，引领着孩子们整本书阅读；开展"诵读经典美文"活动，让孩子们走进了诗歌的美妙境界；挑选适合孩子们的"经典绘本故事"，以"图书漂流"的形式让孩子们轮流阅读，共同分享。艺体老师结合经典古诗文开设了舞蹈、古诗吟唱、古诗配画、电脑绘画、武术等特色课程。孩子们在多元化课程中张扬个性，提升素养，也享受着课程带来的快乐和幸福。

三年间，这所学校有了巨大的发展，学校也被荣获"长沙市文明安全校园""长沙市现代信息技术实验学校""长沙市经典诵读特色学校"等称号，学生也第一次登上了长沙市艺术展演的舞台。这一切都来自我对办好学校的责任担当和对个人发展的精准定位。

❺ 潜心追求自然教育

当一个人感觉到有高飞的冲动时，他将再也不会满足于在地上爬。

——海伦·凯勒

2011 年 4 月 25 日，我开始负责清水塘第三小学的前期筹建工作。这是一所楼盘配套学校，位于区政府东侧。当时离开学只有 4 个月时间，学校内部建设施工已经完成，但周边道路还未完工。为了确定学校的办学理念，第二天我便邀请湖南师范大学教科院博士生导师常思亮教授和我的硕士导师郭娅玲副教授来到了学校。我们踩过泥泞小路来到了校园内，了解完学校整体情况后就在我的临时办公室进行讨论。

我首先介绍了学校基本情况，随后就请教两位老师："常老师、郭老师，你们认为怎样才能让这所新建的学校在短时间内成为一所深受老百姓认可的学校？"

"立德树人是教育的根本任务，清水塘又是'红色发祥地',新学校还是要传承清水塘小学的办学理念,用好的理念引领学校发展。"郭老师建议道。

常老师也给出了建议:"是的,学校管理的最高境界就是文化管理,成功的学校都有优秀的校园文化和清晰的教育教学目标与理念。一所新学校首先应传承母体学校的理念文化,然后再和老师们一起确定学校具体的办学目标、育人目标以及'一风三训',形成学校的制度,做到用文化来引领学校的发展,用文化来感召和引领教师和学生发展……"。

听了两位导师的点拨,我想到了这样一句话:"当一个人感觉到有高飞的冲动时,他将再也不会满足于在地上爬"。此时此刻,在我看来"打造学校独有的校园文化"就是"飞"。我决心认真进行学校文化建设。

首先,基于本校实际确定学校的理念和文化。学校地处长沙市开福区,处于捞刀河和浏阳河之间,生态环境好。清水塘之名,使人顿感自然之气息扑面而来;"清水出芙蓉,天然去雕饰""上善若水"等诗文蕴含着育人和办学的真理:"清水"润泽万物,滋养万物,蕴含着追求教育的"润物细无声"。水的品质博大精深:水纯净无杂质,"至清至纯";水静如平镜,"稳重沉静";水滴穿石,"坚持有恒";水奔流不息,"奋发上进";水海纳百川,"宽容大度";水滋润万物,"浸润无声"……综合"水"的诸多优秀品质"打造如水般自然教育"这一理念便应运而生。在这一教育理念下,学校组织教师讨论,撰写对学校文化定位的思考,组织家长、学生开展问卷调查。几经讨论后，将校训定为"上善若水 乐学笃行"，将育人目标定为"培养有品、有识、有恒的中国人"，校风、教风和学风分别为"清新活泼　民主和谐""乐教善育　润物无声""勤学善思　乐学至恒"。

其次，努力提高师生、家长对学校文化的认同。一方面，学校组织教师收集关于水的知识，开展关于学校理念文化的专题培训，组织学习老子的《上善若水》等篇章，领会水的内涵。另一方面，学校将"尚水"文化理念体现到学校的基础建设当中。学校门口立有"上善若水"的文化石，大厅地面设计了"蓝海之梦"图，开辟了"尚水文化长廊""尚水文化理念展示厅""水文化诗词长廊"等多个场景。同时，学校鼓励全体教师参与班级文化建设，与学生一道共同设计的班名、班徽、班级口号，将学校文化融入班级文化之中，让"尚水"文化无处不在，无处不有。"流水不腐"的勤学、"滴水穿石"的坚持、"智者乐水"的善思、"奔腾不息"的奋进，成为教师在教育教学中培养学生的目标；"润物无声""道法自然""上善若水"成为教师在校园生活中践行的教育理念。

再次，努力践行学校文化。课程教学、课外活动、师生的日常生活是践行校园文化的重要载体。只有把精神文化与行为文化相融合，把制度文化与行为文化相统一，校园文化才能真正内化于心，外化于行。学校围绕培养目标"品"开展"四善"德育，弘扬"水品四善"，让学生懂得热爱国家，善待自己、他人、社会和自然；围绕"识"认真落实国家课程标准，大力开发"清水"校本课程，普及晨诵午读、书法、跆拳道等特色课程，通过书香校园、墨香校园、礼仪校园的打造，让学生知书达理。围绕"恒"开展"21天"的系列活动，"21天坚持亲子跳绳""21天亲子共读""21天培植大蒜"等，以此培养学生顽强的意志力。围绕学校的管理理念"刚柔相济"，学校把相对固定的事情交给中层干部监督、记录，按制度管理。校长亲自处理突发和易变的事件，并发挥班子作用集思广益。

在"尚水"文化的引领下，每天清晨，语文老师开启了孩子们一天的美好——晨诵十分钟，让学生们在诗歌的润泽中积淀文化，温暖内心；每周五午休时间，音乐老师播放世界名曲，让孩子们在音乐的"耳濡"中建立美好的情感；每月中旬，美术老师会定时定点为学生们展示世界名画，让孩子们在美术的"目染"中拥有审美的观点……

遵循孩子的发展规律，遵照学生内心的需求，将属于学生的交还给他们。每学期奖励学生们的奖品，不再是本子、钢笔等文具，而是他们通过获奖积分换来的"给同学点一首歌""免一次作业""和班主任一起游戏、吃饭"……每年"六一"，有别于其他学校千篇一律的文艺汇演，学校的不同年级会有风格各异，形式多样的活动，二年级的水果拼盘会、四年级的环保时装秀、五年级的美食节、六年级的电影欣赏……从校长到老师，我们早已达成共识：儿童节是属于孩子们的节日，从创意到执行，从组织到参与，每一步都该由学生主导。

最大限度地成全"每一个"，让"每一个"勇敢自信地以"小主人"身份抓住机会成长、锻炼，让他们在成长中收获快乐和喜悦，这已经成为我们每一位清水塘三小的教师在践行自然教育过程中的真实想法和做法。

潜心践行自然教育的 7 年，是清水塘三小发展壮大的 7 年，学生数量从最初的 200 多人到 2000 多人；也是收获的 7 年，学校收获无数荣誉：全国创新联盟百强学校、省文学艺术教育优秀学校、省语言文字师范学校、省安全文明校园、省校本研修基地等百余项集体荣誉。学校"清清露珠"合唱团赴中山参加中国少儿合唱展演，时任全国人大常委会副委员长彭珮云等领导先后到学校视察。学校先后承办中国教育学会教育教学成果展公民教育展示分论坛、中国教育学会第四届小学校长大会分论坛等活动，每一次活动都受到了领导和专家的好评。学校被新华社、中国文明网、湖南卫视、湖南经视、湖南教育电视台等多家媒体多次正面报道。伴随着学校的发展，我个人也硕果累累，被选为长沙市第十四届人大代表，被评为省优秀辅导员、全国小学语文优秀实验教师、长沙市名校长、长沙市"华天奖"优秀教师、长沙市第三届十大魅力教师、长沙市教育科研先进个人、开福区十佳校长……

🌀 教育已成心中信仰

　　教育者须对于教育有信仰心，如宗教徒对于他的上帝一样；教育者须有健全的人格，尤须有深广的爱；教育者须能牺牲自己，任劳任怨。

——朱自清《教育的信仰》

　　2018 年 1 月 4 日，我去找教育局主要领导汇报工作。

　　没想到主动的工作汇报成了领导郑重其事的谈话：

　　"你在清水塘第三小学工作几年了？"

　　"六年半了。"

　　"清水塘小学目前正值改扩建，但因为一些历史遗留问题，学校发展遭遇了瓶颈期，需要调换主要领导人，思来想去，觉得你去最合适。你就和清水塘小学的校长进行调换好不好？"

　　我去清水塘小学？对此我潜意识中是拒绝，因为两所学校规模差距太大。清水塘第三小学已有四十几个班级，学校建设基本完成，领导班子团结务实，教师队伍基本稳定，学校经费充足，正是学校发展最好的时期。而清水塘小学虽然是一所名校，但由于 2016 的改建和政策调整使得生源缩减，目前只剩 12 个班级，教师平均年龄 46 岁。更重要的是儿子正值高三，需要我的照顾，家里距离清水塘小学 17 公里，通勤时间至少 1 小时。

是欣然接受组织安排，还是讲明困难继续留下？我叩问内心，深知自己当初之所以放弃考大学的理想，就是因为"爱和责任"——对教育事业的热爱和对学生的责任。近年来我对教育的惟一惟精已经让我将办好学校作为了自己人生的目标。既然选择了热爱教育和办好学校，我又何必去在乎它是一所大学校还是小学校，是一所新学校还是老学校呢？于是，在激烈的思想斗争后，在离开领导办公室之前，我表示服从安排，并同时许下承诺：会尽力用爱和责任让这所"三湘名校"重新焕发活力。

2018 年 3 月，我调入这所有着八十几年办学历史的老学校——清水塘小学，从接到任命文件的第一天，我就开始琢磨如何让这所三湘名校重获新生。

首先，立足传承。一所 20 世纪 80 年代的名校，自有成功办学的秘诀。我践行卓越校长的"勤"，勤于"走"，没事就在学校转转，在教学楼遛弯；勤于"问"，先后致电曾在学校工作的三十几个教职工，和他们交流并了解清水塘小学成功办学的秘诀。慢慢地，我发现清水塘小学之所以办学卓有成效是因为有一批批"敬业爱生、务实创新"的教师。每一名教师不仅做到每一堂课都循循善诱、井然有序，而且每个人都有自己的教育教学绝招。例如，班主任爱生如爱子，对待特殊学生耐心、细致；数学老师抓每年段的侧重点，注重让学生在探究中进行思维训练；英语老师坚持课前口语交流；语文老师通过背诵、讲解、默写、竞赛等形式，激发学生对古诗词学习的兴趣……传承优良教风是让学校重新焕发活力的首要法宝。于是，学校基于问题导向、能力导向、发展导向开展"四环节五模块"的校本培训，聚焦"书香校园微讲坛""师德师风长镜头""青年研讨小课堂""主题培训大讲坛""师徒共进长结对"五个模块，让每一位老教师通过任务驱动、项目认领、成果展示、反思创造四个环节成为培训主讲，给一代又一代的清水小学年轻教师讲述校园的最美教育故事，传授自己的教育真经，手把手地带领每一个新进教师在一年内站稳讲台，管好班级。正是学校扎实的"传帮带"，优良教风代代相传，学校的青年教师迅速成长，每年都有来校仅一年的青年教师获得区级课堂教学一等奖。

其次，推行改革。时代日新月异，人才需要迭代升级，我深知教育只有跟上时代发展的步伐才能真正实现"办好人民满意的教育"的目标。然而，一些老校、老教师沿袭的旧习惯又会给理念更新和改革带来极大的障碍。我践行卓越校长的"行"。用"做"来诠释真理，让"变化"来说明"意义"。我带领行政团队认真研究学校的校史，开展日常调研，聘请中国少年培育联盟的专家来校指导，以此丰富和完善了学校的理念体系。我自己也在"养正习性"和"自然教育"的基础上提出了"明心教育"这一教育思想，其核心理念是：清水明润，红心向阳。这一理念包括三个层次：第一，牢固基础，挺立本心。遵循儿童身心发展规律，心上用功，让儿童在自省修正中学会做人，发展情绪和意志，夯实人格健全的基础。第二，提能夯基，丰富内心。遵循儿童的个性特征，事上磨炼，让儿童在多感官学习中学会求和，发展身心能力与思维，积蓄人格健全的能量；第三，铸魂强基，坚守初心。遵循儿童社会性发展特点，人文熏陶，让儿童在社会交往和生活实践中涵养品质与精神，学会创造，达到人格健全的境界。

我以身作则和老师们一同开展红色教育特色创建，坚持每周一开展"校长妈妈讲故事"，让学生在红色故事中汲取能量；亲自审核"入学礼、入队礼、毕业礼"活动方案，让学生在浓厚的仪式中引领思想，强化精神；组织青年教师开发和实施红色文化的校本选修课程，让学生在个性化的课程中发展特长；督促艺术组开展"行走的思政课堂"，让学生的画展、孩子们的琴声每天每月都在校园中展现。开辟校园劳动基地，让孩子们在劳动中学习知识，锤炼意志；课间带领孩子们跑圈，引领健康生活，积极锻炼……没有长篇大论的说教，只有科学扎实的行动，师生们在行动中感受红色文化教育的魅力，也在行动中接受了教育的改革。这样的并非行政命令式的循序渐进，让学校成为特色鲜明的红色教育示范学校。

再次，我积极倡导创新。创新是一个民族的灵魂，是人类发展的不竭动力，要办一所未来的学校必须有适当的"创新"。我们着眼学生的人格健全，一方面创新构建"清水明心"课程。全面实施国家、地方、校本三级课程，同时校本课程体现模块全面性、选择自主性、特长培养持续性。通过学科课程拓展化、艺体课程特色化、实践课程主题化、德育课程项目化，让学生在课程中学习，在活动中展示，在全员参与中全面发展。

另一方面创新构建"兴探创全"课堂。引导教师在教学的导入部分注重引发学生的求知兴趣，采用创设问题、关联旧知、联系生活、把握兴趣点和兴趣度等方法激发学生学习内驱力，使学生的情感和行为尽快自主融入课堂。在新授课教学阶段注重引导学生探究，让学生在有主题和主见地自主学习、体验、表达和合作探究中学会知识与技能；在学生学会之后注重思维的打开和发散，引导学生自我融通和创造，达到融会贯通的境界。在教学后续（总结）部分重视拓展，基于评测性的诊断，通过指导、启发、点拨、评价、唤醒的实质对话，从而让学生自我认知、反思与教育，从而实现学生身心健康成长。在每节课堂中，这四个步骤并非割裂分离，而是整体贯通，交融互促的，旨在引导每一位教师打造自主探究的生命课堂。

最后，创意开展学校活动。每年元旦，学校策划"闲暇节"。活动分为盛装游行、美术创作主题馆体验活动、作品展示三个部分。开幕式的盛装游行，学生打破以往传统的盛装，将古典文学、历朝服饰、传统纹饰渗透在盛装创意之中，进行别具一格的走台秀。在美术创作主题馆体验中，学生根据自己的喜好，实行走班选择进行现场创意活动，18个传统文化主题体验馆，90分钟的现场制作，让学生从知识到实践、从活动到课程、从课本到生活获得体验与感悟，真正从学业中解放出来，在闲暇中"减"出快乐，感受传统文化的熏陶，作品展示更是给了学生们展示的舞台。与"闲暇节"有异曲同工之效的创意活动还有"行走长沙，丈量世界实践活动""腹有诗书诗词背诵活动""元宵猜灯谜""期末兑奖""红色文博人人行"……学生们在创意活动中释放天性，焕发活力，拔节生命……

如今，是我教育生涯的第 31 年，也是我来到清水塘小学的第五个年头。庆幸自己，依然愿意也乐意做教育的守望者，时刻仰望星空，上下求索，坚定前行，并不断超越自我，致力于把学校营造成"学生个体自由陶冶的空间"，致力于让学校教育"给孩子生命以温情，给孩子想象的空间"。

民主型管理团队的培养

学校是社会的缩影。在学校这个小社会中，学生是未来的公民，而校长、中层管理人员、教师就是实实在在的公民。一个学校要实行民主管理，校长的管理理念固然重要，但作为政策执行者的中层管理人员，其民主管理的理念更为重要。杜威在《民主·经验·教育》中指出："就个人角度而言，民主在于根据其能力而有责任地分享、形成和指导所属团体的活动，在于根据需要参与那些团体所维持的价值。从团体的角度来看，民主要求在符合共同利益和共同向善的前提下解放团体成员的各种潜力。"

然而如今众多的中小学教师，尤其是班主任似乎已习惯于在每天繁琐的工作中忙碌，备课、上课、布置作业、批改作业、再布置、再批改……兀兀穷年，孜孜以求，就像是一个不停旋转着的陀螺，身不由己。教师们本来是想在工作中体现出自己的价值，却越来越深地沉溺于琐碎而庸常的教学生活之中，当这样的教学生活成为我们职业生活的全部时，教师就不由自主地成了一部高速运转的机器，想停一停都难。于是，烦躁、倦怠丛生，抱怨、悲叹并举，渐渐地麻木了自己本来鲜活的灵魂。人生不断循环于教室—办公室—宿舍或家庭的单调的运行轨迹。《礼记》有曰："张而不弛，文武弗能也；弛而不张，文武弗为也；一张一弛，文武之道也。"亚里士多德曾经讲过"闲暇出智慧"，有闲暇才有属于自己的自由时空：独立地思考，自由地发展，自信而能动地发挥才智，才能心理坦然，心情轻松。然而当老师们处于一种紧张而繁琐的工作状态之下，闲暇又从何说起。没有了闲暇，教师就没有了思考的时间，创造性也就在应付性工作中丧失殆尽，教师的潜力也将无从发挥。

怎样才能让教师发挥其主观能动性和各种潜力？笔者认为只有学校管理人员改"专制"为"民主"，尊重教师，平等对待教师，给教师适度的空间和时间，他们的潜力便能自然发挥。那么民主型管理队伍如何培养？笔者进行了一些研究和探讨。

一、民主型管理团队的特征

学校管理队伍由于分工不同和风格差异，在工作中呈现出不同的特点，但还是有许多共同特征，归纳起来，大约有以下几点。

民主型管理团队在决策方式上，能鼓励下属最大限度地介入和参与决策，所有的目标、方针和策略均由团队集体讨论确定，并以平等的身份参加讨论，并积极加以指导。在考虑学校的办学价值，考虑教师和学生的利益的前提下进行最后决策，所决策的政策和活动方案应该是管理者和其下属的共同智慧的结晶。

民主型管理团队在组织方式上，能把权力下放，努力避免阶梯式多层次的权力结构。各部门之间各司其职，相互合作。

民主型管理团队在工作指导方式上，重视其下属的能力和知识经验，分配工作时尽量照顾到教师个人的能力、兴趣和爱好。让全体成员了解工作的目标、内容和程序，让成员有一定的工作自主权，并能以自己的人格和心理品质影响其他成员，成员愿意听从领袖的指挥和领导；不靠职位压人，不靠权力命令。与下属交往时平等相处，能尊重对方，与人交流，语气平和。

民主型管理团队对下属的工作安排不过于具体，使教师个人能够发挥其创造性，能根据自己的特点和学生的实际灵活地调整工作思路，不拘一格地完成所承担的任务。

二、培养民主型管理团队的策略

选好人是为了用好人，用好人还需"培"好人。一个人的能力、水平不是与生俱来的。教师从一线进入学校某一部门工作，要形成民主管理的思想是需要一段时间的。作为校长应采取多种方式对他们进行相关的指导和培训，让他们"从群众中来，到群众中去"，学会集思广益，集"众人之智"。

（一）思想引领，培养管理队伍民主管理意识

思想决定行动，行动决定效果。苏霍姆林斯基说过："校长首先是思想的引领者，其次才是行动的引领者"。要想让管理人员具备民主管理意识，必须让他们在思想上认可民主管理的益处。那么，校长对管理人员的思想引领就必不可少了。思想引领一是外在的，即校长利用各种机会研讨工作，如每周行政例会组织专门的学习，或者针对学校管理状况进行专题讲座，久而久之，"润物细无声"，让民主管理的理念渗入中层管理人员的内心。二是引导管理人员进行自我学习。美国管理学家托马斯·卡琳经过研究认为："在任何一个领域，只要持续不断地花费 6 个月时间阅读、学习和研究，就可以使一个人具备高于这一领域平均水平的知识"。这种学习引导一方面要有针对性，阅读的篇目要紧扣公民教育和民主教育，让他们通过学习深刻领会民主教育和民主管理的理论。另一方面要引导他们理论联系实际，让他们在学习的同时，加强实践，在实践中践行民主管理理念，并对过去的管理方法进行重新加工、组合，以增强民主管理意识，

提炼科学管理的新理念。

（二）行动训练，培养管理队伍民主管理技能

管理技能是指管理者行使有效管理职能所需要的知识、技能、能力和态度。一般管理者至少需要三种技能，即技术技能、人际技能和概念技能。而在学校管理中，要想让中层管理人员形成民主型管理团队，其人际技能和概念技能的培养是必不可少的。具体来说，应该培养中层管理人员以下管理能力。

1. 沟通能力

沟通就是为了设定的目标，把信息，思想和情感在个人或群体间传递，并达成共同协议的过程。在团队组织中领导者经常需要运用到沟通来传达讯息给成员，在这个过程中由于成员认知的差异，经常会发生意见冲突及不同意见的整合问题，领导者面对这些情境必须思考如何进行有效的回应。可见，实现民主管理，良好的沟通能力尤为重要。作为校长，在与管理人员的沟通时首先自己要率先垂范，尊重他们，平等交流，做到准确地表达、积极地倾听、正确地反馈。[①] 其次对于他们不良的沟通方式要直截了当地指出，并进行指导；再次，对于他们良好的沟通要及时表扬，并树立榜样。

---

① 何诚斌. 中庸领导艺术 ［M］，北京：中共中央党校出版社，2007.

2. 计划制订与修正能力

凡事"预则立，不预则废"。计划就是在每项工作开始前确定预期目标和拟订实现目标所要争取的政策及手段。很多时候，我们在学校管理中总是觉得自己每天忙忙碌碌，然而细细回味起来，却发现自己什么事情都没有做，时间经常在应付一些事务性的工作中悄悄溜走。我们做每一件事情的成功都是事先树立的目标被循序渐进地变为现实的过程，这一过程往往因平衡而得以稳固，因信念而具有意义。根据当时当地情况修正计划就是一种平衡，这种计划让教师觉得有价值就会成为一种信念。要培养管理人员计划制订和修正能力，作为校长首先应该清楚划分学校各部门的职责、范围，其次要指导每位中层干部制定年度、月、周甚至每天的工作计划，制订计划时要求中层干部集思广益，多听听群众的意见，并且在工作中，处理好长远目标和临时任务的关系，修正原计划。

3. 检查规划和实施能力

IBM 前总裁郭士纳说过："人们只会做你检查的事情，而不会做你期盼的事情。"我们实行民主管理的目的在于提高学校办学质量，提高教师的工作效率。如果因为尊重教师而使中层管理人员不敢检查和实施工作，那就误解了民主管理的内涵。在培养中层管理人员检查计划和实施能力的时候，校长每次布置工作时既要授权、放权，又不能放任不管，应该随机跟踪，随时指导。

4. 团队合作能力

做一件事情很多时候不是一个人能做好的，而是要靠团队的协作才能达成的。"团队"就是为了实现某一目标而由相互协作的个体所组成的正式群体。学校的管理队伍其实就是一个团队，一个为了实现学校办学价值而相互协作的个体所组成的正是群体。在培养中层干部团队合作能力时，首先要尊重和平等对待团队成员，其次要建立团队成员彼此之间的信任，再次成员之间要谦虚谨慎，善于化解矛盾，乐于接受批评。

以上几点是提高民主管理水平必不可少的几项管理技能，而这些管理技能的提高是离不开训练的，并且这种训练是应当在工作实践中进行才能彰显成效。中层干部作为学校工作的执行者，有的时候并不能完全明白和领会学校的办学思想，校长只有在工作中对他们进行具体的指导，对他们的各种工作方式进行有计划的指导和训练，让他们在思想上与学校的决策统一起来，让他们在工作中提高其管理技能。

（三）引导反思 培养管理团队民主管理习惯

习惯成自然需要一个养成的过程。通常，中层管理人员有的时候因为其繁重的工作任务，忙忙碌碌，难有空闲，又怎能形成民主管理的自然习惯。加之他们因为做同一项工作时间过长，会依赖于熟悉的经验、过往的习惯，轻车熟路的就"手到擒来"，管理水平也会因此停滞不前，民主管理的意识也在这轻车熟路中荡然无存。如何改变这一现状，笔者认为引导中层管理人员不断反思，在管理中经常践行民主思想，便可形成民主管理的习惯。校长在指导中层管理人员反思管理工作时主要从管理的理念、管理的方法、对教师的评价等方面引导其进行反思。

1. 对管理理念的反思

中层管理者首先应将自己定位为"服务人员"。在"团队创造价值"越来越明显的今天，管理者与被管理者更应该是一种"互相依赖的工作关系"：被管理者依赖管理者科学的领导和管理，创造个人绩效；管理者更依赖被管理者的竭诚工作，创造团队整体绩效。认可中层管理者的标准不再是你个人怎样而是你领导的团队怎样。因此，中层管理者要经常反思自己是否为下属着想，是否为他们创造更好的工作条件和更多的发展机会，是否为下属多提供"服务"。

2. 对管理方法的反思

在管理方法上，学校的中层管理者要学会平衡学校和教师的期望。中层管理者是连接学校与教师的桥梁，需要平衡好学校和教师的期望。如果成天发号施令，很少考虑职工的利益和感受，像校长派出的"监工"，或者只考虑自己和教师的利益得失，却全然不顾及学校的办学质量，这两种倾向都是非常不可取的。偏离任何一方的管理者都不是合格的管理者；在安排和检查工作时要采用"和缓"的交流方式。因此，中层管理者要经常反思自己的工作是否对学校和教师

"双向"负责，是否在有意地尽量"淡化"上下级差别，采用"建议"或"商量"的口吻来安排工作；是否采用"晓之以理，动之以情"的方式来指出下属的过失。

3. 对教师评价的反思

作为中层管理者在工作中要经常对教师的工作进行评价。而评价往往对教师的工作方法和工作积极性起着导向作用。在对教师的评价上，中层管理者应该尊重每一位教师的劳动。要充分发挥每位教职工的积极性，应把"筛子"变成"泵"，对教师实施个性化评价，并形成科学的绩效考评办法。在确立教师考核目标时，可以向全体教师、部分学生和家长进行问卷调查，征集"优秀教师应具备什么样的素质"这一问题的答案。使《教师绩效考评办法》渗透在管理的全过程和各个方面，成为提升执行效力的重要保证和有力工具，从而指引教师按考评指标所指的方面去努力。因此，中层管理者在对教师实行绩效考核时要反思考核教师的哪些方面才能对教师发展有所促进。

邓小平同志曾说："没有民主就没有社会主义，就没有社会主义的现代化。"尽管培养民主型管理团队的过程是一个长久的过程，但是我们依然要坚信"春天终究会来到"。

（此文原载《湖南教育》A版，2018年3月第979期，有删改）

⑤ 优秀校长首先应该是教育家

　　校长，顾名思义就是一校之长，他的职责是"负责学校的教学和其他行政管理工作。"因此，笔者认为校长应该首先是教育家。

　　有这样一句名言："从某种意义上讲，一个好校长就是一所好学校。"校长是一个学校的总设计师，不仅要直接从事教育教学活动，而且还要通过管理实现对师生员工的教育，寓教育于管理之中。从某种意义上讲，校长应该是"教师之教师"。他应该具备教育家的素质，达到教育家的人格修为，才能够正确地引导教师的教育教学工作，使学校的办学方向不偏离教育教学规律和人才培养规律。

　　纵观中国的历史，所有名留千秋的学校无不因为有一个或多个教育家型的校长出任。所有名留千秋的校长无一不是著名的教育家。例如，五四时期的北大校长蔡元培就是一位被后人称之为"教育家"的大学校长，他提出了"五育"并举的教育方针和"尚自然""展个性"的儿童教育主张。正是他独到的教育理念才奠定了北大特有的文化。北大之所以闻名于世离不开许多像蔡元培先生这样的校长。还有当今具有盛名的成都武侯区实验中学的校长李镇西同志，正因为他在教育教学中形成了"爱心"与"民主"的理念，所以成了专家型的校长，武侯区实验学校才会在他的管理之下享有盛名。

校长要成为教育家，就必须从以下几个方面去修为。

一、树立牢固的教育信仰

朱自清说："教育者须对于教育有信仰心，如宗教徒对于他的上帝一样；教育者须有健全的人格，尤须有深广的爱；教育者须能牺牲自己，任劳任怨。"爱因斯坦也说过："由百折不挠的信念所支持的人的意志，比那些似乎是无敌的物质力量具有更大的威力。"由此可见，信念的力量是巨大的。其实，人的生存的确需要一种信念，有了信念，就会有一种责任感，即使在生活中遇到困难，也会坚持不懈。我想，作为一个优秀的校长更应该对教育树立牢固的信仰。

一次，我在杂志上读到了一篇文章，讲的是一位 60 岁的只有高中文化的企业家在一次 MBA 课程上说自己在 40 年的职业生涯中，不断追求的境界就是：如何让别人在他公司上班是出于"心"甘情愿，而不是"薪"甘情愿。我很佩服这位企业家的做人态度，能够让职员都做到"心"甘情愿，他必定付出了很多。然而，在现实生活中，"心"甘情愿为工作付出的并不是很多，经常会听到的就是"干一行，厌一行"这句话。就拿校长们来说吧，薪水大多是固定的，干多干少，干好干劣根本无法影响到工资收入的多少。但如果校长们有了对教育的信仰，那情况就会大不同了。

我们不妨试想一下，如果校长们能够把学校教育提升到振兴民族责任的高度，把追寻理想的教育作为心中的信念，那么这种信念就可以让校长们对教育产生一种发自内心的热爱，这种热爱可以让他们为了寻找理想的教育而不断反思自己的行为、不断求真务实地探索教育发展之策，并自发地进行阅读、学习、思考；这种信念还会让他们在办学中，树立"十年树木，百年树人"的思想，在生活中以德为先，以人为本。

二、积累丰富的教育教学经验

搞好学校的管理，必须遵循教育教学规律。校长如果没有教育教学经验，在指导教师教学时就会泛泛而谈，不着要点。所以要想让教师信服，校长应该致力于至少一门学科的研究，精通一门学科，用丰富的经验引领教师进行教育教学研究，同时还应该熟悉其他学科的课程标准，以给予教师们正确的指导。校长只有在教育教学实践中积累了丰富的教育教学经验，懂得教育教学规律和学生身心发展规律，才能够正确领导学校的教育教学工作。作为校长要有丰富的教育教学经验，一是不离开课堂，只有不离开课堂才能够在课程改革中率先垂范，在自己的学科教学中，摸索教学规律，发现学生中普遍存在的问题；从而取得教育教学管理的指挥权；二是应该经常深入课堂听课，在听课和评课中了解学校的教育教学状况，提高教育评价能力，以取得学校教育教学的发言权。

三、学习先进的治校理念

校长的办学思想是对办学的目标设计、价值追求、角色定位等问题的理性思考。好校长的核心问题就是要有先进的办学思想。被毛泽东称为"伟大的人民教育家"的陶行知，他的民主教育、创造教育、生活教育思想就构成了他的办学价值观的内容。校长要拥有先进的治校理念，首先要博览群书，广泛阅读经典教育名著，在阅读、思考和实践中逐渐形成自己独特的教育思想；其次还应该让全体教职员工和学生都来实施校长的办学思想。苏霍姆林斯基说过："学校领导首先是思想的领导，其次才是行政领导。"由此可见，思想是最重要的。校长在平时的管理工作中应该逐渐渗透自己的办学理念，让教师都能把握其精髓，这样，办学思想才不会只是限于校长头脑中的思想。

尽管要成为一名优秀的校长还需要具备决策、用人、公关、处事、统筹等领导艺术，但是笔者认为最为重要的是应该具备教育家的特质。

（此文原载《湖南教育》A版，2009年12月上旬刊，有改动）

❸ 基于儿童视角的教育空间打造

荀子说:"蓬生麻中,不扶而直,白沙在涅,与之俱黑。"环境对人的影响是重大的,并且是潜移默化的。那么,我们怎样基于儿童视角来打造教育空间?

一、开发自然空间,促进身心一元发展

当下的城市儿童,长期远离自然环境,普遍缺乏对自然美的感受。为了让学生更多地接触大自然,感受自然万物的神奇,我们一直尝试在布满水泥钢筋的城市里,开垦出一块散发着泥土芬芳的空间,尽可能利用自然界提供的泥土、石块、木头、植物,为学生营造一个接触自然的活动环境。

案例:沁芳园诞生记

我校位于长沙市开福区万国城小区,学校教学楼后的一块空地就是属于开福区教育局美丽

校园建设中的绿化改造地段。需要改造的根本原因是校园土质贫瘠，树木种植得凌乱且生长缓慢。

陶行知说："必须以大自然为您的生物园，才会有丰富的收获。"如何让学生在这一自然空间可触、可感、可创造？于是，经过开荒、换土、种树，一块空地变成了百果园。在植物配置上，教育局的绿化景观设计团队为我们选择了四季特征明显的乔木和灌木，如枇杷、红枣、柚子、杨梅、紫藤等。多层次的绿化配置，做到了春夏赏花，秋观叶果，冬看枯枝。从花色、叶貌、果形上也满足学生对植物的需求，让学生在感受大自然的同时也提升了审美情趣……

在果园的中央有 14 畦空地。作为校长的我明白学校不需要整齐划一的绿草红花，不需要单纯追求美观的季节性花园，需要的是让孩子们享受播种、施肥、耕耘的体验过程，为他们提供实践创新的平台。于是，学校把空间的建设与学校的育人目标和课程实施紧密联系起来。少先队开展了"给你一块地，你会怎么种？"花园招标活动，面向全校学生进行，41 个班级，41 支投标队伍。孩子们踊跃讨论，静心思考，用心设计，从种植理念到园地名称，从园地形状到种植品种，从团队分工到维护方案，他们在合作中交往，在设计中创新。在学校招标会上，投标团队依次上台详细介绍招标方案，回答评委的提问。在公平、公开、公正的竞争中，14个种植团队脱颖而出。

晴朗之日，综合实践课教师带领着14个团队开始了种植之旅。有的在园地里挖了一条条小沟，撒下了凤仙花种子；有的栽下了一排排绿绿的栀子花；还有的按照时令和季节种植了瓜果蔬菜……从此，花园成了同学们亲近土地、亲近自然的场所。他们观察植物的变化，记录花草的生长，写下发生的故……如今，经过全校2000多名学生票选，花园诞生了自己的名字——"沁芳园"。"沁芳"寓意我校的学子们经过六年润泽，能"兰芷蕙心斯，杜若沁芳怡"。

陶行知说："教育不是创造什么，但它能启发儿童创造力以从事于创造工作。"沁芳园不仅是一个诗意的存在，承载着同学们无尽的回忆，更重要的是沁芳园融入了科学、语文、综合实践、公民教育等课程，成了同学们的学习之地、实践之地，丰富着同学们的人文精神，培养了同学们的创造力，彰显着他们的设计感，时刻焕发着教育的光芒。

二、建设故事空间，记录儿童成长的足迹

儿童天生就喜欢故事，真实的校园故事因为平凡而有哲理，让教育变得有效而温馨。于是，我们利用这些故事打造一些育人空间，既把学生中发生的故事记录分享，又让这些蕴涵着丰富意义的故事成为一种仪式，丰富同学们的童年生活，让母校成为给予他们温情的地方。

案例：筑梦园

世界著名建筑师丹尼尔·里伯斯金说："伟大的建筑群，一如伟大的文学作品，或如诗与音乐，都能说出灵魂深处精彩的故事。"其实，对于学校来说，每一个景观都可以是一个叙述故事的载体。在我们学校教学楼之间有一个普通的花坛。2013年，学校的16名学生与浏阳市白石小学的16名学生进行手拉手联谊活动，除了同吃、同住、同学习等常规活动外，他们还写下了活动感言，并一同在这个花坛里种下了自己的梦想。于是，我们在花坛里竖立了两块文化石，一块以《梦想盒坐·上时光穿梭机》为题记录了孩子们种下梦想的故事，一块书写了"梦想飞翔"四个字。花坛成了同学们的"筑梦园"。

每年9月开学之际，一年级入学仪式上，我们会要求一

年级学生说出自己小学六年的梦想，由班主任一一记录在案，存放在童年梦想盒中，让梦想成为了同学们六年小学生活的前进动力。每年栀子花开的6月，六年级学生在毕业典礼上会开启自己一年级的梦想盒，并立下20年后的心愿和志向。他们虽然离开了母校，但是留在母校的梦想还在。同时，我们把花坛设计成一个钥匙的形状，寓意学生通过小学六年的润泽，找到实现梦想的钥匙。

尽管梦想园的花草普通，但它却因为这个故事而美丽，因为每年的仪式活动而永恒。

三、打造阅读空间，立足平视的儿童尺度

苏霍姆林斯基说："一个学校可以在很多方面是不足的、简陋的，但是只要有了书，就是一所好学校了。"一所好的学校必定需要许多的阅读空间，并且需要立足儿童平视尺度的阅读空间。

案例：创意图书馆

一所新建学校怎样吸引学生，让学生们爱上它？开福区第一小学在学校成立之初想到了绘本。绘本以大胆的想象，精练简洁的语言吸引着学生们。如果学生们能够置身于绘本之中，让绘本阅读成为学生们课余之乐，那么，他们的童年一定是充满人文情怀的。于是，学校决定打造一个创意图

书馆。

　　学校组织老师们阅读绘本故事，开展读写绘课程，寻找绘本的特点，激发全体教师设计图书馆的灵感。首先在图案上，选择了森林与动物，门口是高大的古树，配上素色的树枝，犹如森林城堡。室内选择了夸张的卡通动物和绘本原著中的人物，连窗帘和门都与之呼应，学生们仿佛置身于绘本世界之中。其次在色彩上，室外棕色与白色搭配合理，形成一个空间感和设计感极强的场地，室内的色彩比较大胆，鲜艳而不花哨，活泼而不杂乱。再次在结构上，有区域划分——导读台、绘本馆、教师阅览室。其中，绘本馆注重细节，书架、桌椅的高度，让学生伸手可取；地面与桌椅的材质柔软、生态环保，让学生坐着舒服；更重要的还要考虑其安全性，圆角的处理，以防学生磕碰摔伤。

　　除了绘本馆，学校走廊上还有绘本墙，一本薄薄的绘本被放大几倍地一页一页完整地、平整地张贴在外墙之上；楼道间还有阅读书吧，各种书籍和矮矮的凳子让同学们随时可读。

　　无论是哪种阅读空间，学校都会把高度降低、再降低，直至学生们可以平视可见，将绘本放至学生们伸手可以触摸之处。

　　校园空间是属于学生的，"校园建设见物也要见人，校园的建筑等物质文化要服务于课程、服务于活动，体现着学校的办学理念。要让同学们在校园空间创造与设计中，感受与体验。"

（此文原载《湖南教育》A版，2018年3月第979期，有删改）

长沙市名校集团化办学考察感悟

阳春三月，我有幸在开福区教育局的组织下，考察了雨花区砂子塘教育集团、枫树山教育集团和岳麓区博才教育集团等。尽管只有短短的两个上午，但却让我感受到了长沙名校集团化办学的魅力所在。

一、名校集团化办学打通了校长办学的理念之墙

"一位好校长就是一所好学校。"名校大多有着悠久的历史，深厚的文化底蕴，科学的管理模式以及先进的办学理念。"多法人"的砂子塘教育集团，其成员学校的首任校长均在砂子塘本部工作数年，担任过本部的中层管理者，不仅认同砂子塘学校文化，对砂子塘小学的"和孩子一起成长"这一办学思想领会极深。各成员学校在传承砂子塘学校文化的同时，又能够结合本校的地理位置、师资和生源结构等特点实现个性化发展。例如：从"和孩子一起成长"这一办学思想出发，砂子塘泰禹小学构建了"尚美"文化，延展出了

泰禹小学的核心价值观——真、善、美,致力于培养向上向善、求真求美的阳光少年;砂子塘新世博小学以"博趣、博学、博雅、博文"为校训,致力于培养具有世界眼光和博大胸怀的新世博学子。砂子塘新世界小学以"培育更健康,更快乐,更自信的学子"作为办学目标。正是砂子塘各成员学校校长在办学理念上的传承和创新,才使得砂子塘教育集团下的新建成员校在短短的办学历程中迅速崛起并形成特色。

单法人模式的博才教育联盟旗下的各成员学校在办学理念的传承上更是与博才本部一脉相承,因为博才教育联盟在各成员学校起步初期均保持着与博才本部"人财物"三统一,成熟一校,才会独立一校。这种单法人模式更能够发挥博才本部教育品牌优势,用博才教育文化提升各成员学校的办学品位。

二、名校集团化办学打通了校际师资的交流之墙

教师是学校发展的生力军。一个学校的师资水平决定着学校的办学品质。不管是单法人模式的博才教育联盟,还是多法人模式的砂子塘教育集团,均打通了校际师资的交流之墙。一方面,名校在集团化办学时做到了让教师流动起来,如砂子塘本部在近 10 年的集团办学过程中输出了 62 名行政、教师骨干。另一方面做到了师资培训协同。例如:砂子塘教育集团行政会每学期召开 2 次,集管理培训和工作布置于一体,让砂子塘本部的阳光管理在各成员学校得到生根发

芽；名校名管名师工程、亮旗行动、SZT 教育奖由全集团统一进行组织工作，有力地让各成员校的教师"同生共长"。

三、名校集团化办学打开了优质资源的共享之墙

本次考察的两个教育集团在优质资源上实现了全方位共享。一方面是硬件资源的支持。砂子塘教育集团对砂子塘泰禹的新校投入达到了 800 万元，在砂子塘新世界的新校建设上投入了近 500 万元。这些资金的投入让两所学校在校园文化建设上个性凸显。另一方面实现了管理上的资源共享。如教学管理、教育科研、教学进度、教学评价上的统一机制，让各成员校的教育教学工作更加规范化，从而实现了让名校这一稀缺资源利用效益达到最大化。

尽管名校集团化办学中各学校抱团取暖的优势显而易见，但是教育是一个长期的过程，绝不可能一蹴而就，学校的发展如果没有文化的积淀即便是短期崛起那也只是昙花一现。那么，面对新一轮课程改革，集团化办学如何填谷造峰，我想谈几点自己的思考。

（一）名校集团化办学要有"静心办学"的境界

教育不是速成品，而是一个持久性的工程。名校在集团化办学中不能先入为主，急于植入名校的文化，而必须慢下来，让名校的文化逐渐浸入师生心灵之中，让师生在校园生活长期的熏陶中与学校文化产生深度的融合，达到无需提醒

的一种自觉；教育不是开连锁店，不能简单地"复制"和"粘贴"，而必须静下来，静下来感受新的成员校内部的个性，感受每一个生命所需，在传承名校文化的同时不断创新，形成符合成员校自身特点的办学思路；教育不是空中楼阁，必须脚踏实地。名校在集团化办学中不仅仅是冠以优质学校的名称或者戴上优质学校的光环，而是要立足成员校完善硬件基础，夯实软件基础，让成员校在"立脚点"上能够与名校平等，以真正提升成员校的办学水平。

（二）名校集团化办学要有培养教育大师的目标

名校造就名师，名师也成就名校。名校集团化办学所属的新成员校要想成为名副其实的名校，应该要有把教师培养成教育大师的目标。"学高为师，身正为范"，要成为一名大师首先要有良好的师德，让学生在教师言行的潜移默化中受到启迪和熏陶；要成为一名教育大师要有深厚的文化底蕴，传播知识的时候视野更为宽广，角度更为全面，思考更为深入；要成为一名教育大师要有教育艺术，不仅能深入浅出地教学自己的学科，轻松自如地驾驭课堂，智慧巧妙地点拨学生，还能关注每一个学生在课堂上的生命状态。因此，名校在集团化办学中一方面要创造书香校园，让教师爱读书，会读书，成为真正的读书人，在读书之中树立教育信仰，修身养性，拥有大师级别的人品和学识；另一方面名校在集团化办学中要注重师徒结对子，结对子的对象应该遍布各成员校，形成以名师为核心的一个教学共同体，发挥名师传、帮、带的辐射作用，让青年教师向往达到和形成大师级别的教学水平和教育艺术。

（三）名校集团化办学要有课程互通的规划

课程是培养学生的载体。师资的共享不仅仅是体现在流动上，还可以体现在课程的开发和承接学生的培养上。名校集团化办学可以充分发挥学校优秀师资的作用，开设以培养学生特长为主的专业性强的校本课程，并打破校际间的壁垒，从"走班"到"走校"，达到课程互通的状态。无论是"走班"还是"走校"都应该遵循"就近""安全""自主选择"等原则，让学生在"走校"中享受优质特色教育资源。

毛泽东同志曾经说过：文艺工作要"百家争鸣、百花齐放"，其实教育也需要"百家争鸣，百花齐放"，不管是名校集团化办学还是独立办学，我们都必须保持一种开放的心态，这样才会使学校教育独具特色。

（此文原载《湖南教育》A版，2016年6月第895期，有改动）

⑨ 校史馆是教育与传承的重要阵地

——以长沙市清水塘校史馆建设为例

清水塘小学原名炮队坪小学，成立于 1936 年，学校校址毗邻中共湘区委员会旧址。1921 年 10 月 10 日，中国共产党的第一个省级组织——中共湖南支部就在杨柳依依、绿波荡漾的清水塘畔成立。1922 年 5 月，中共湘区委员会成立，当时的区委机关就设在此地。清水塘见证了毛泽东等老一辈无产阶级革命家领导湖南人民进行如火如荼的革命斗争的光辉历程。1968 年，毛泽东同志的塑像在清水塘畔矗立，学校从此定名为清水塘小学。八十多年历程，三湘名校，从最初的占地面积 2961.79 平方米扩大为 11790.91 平方米，从一所校区发展至拥有 10 所理事学校，它的发展历史既是学校紧跟时代的办学思想的体现，又是中国教育改革的缩影。因此，在学校校史馆的建设中，我们在建设前应该要创新其功能定位，在建设时要关注细节，在建设后要充分利用，让校史馆成为学校办学历程的载体，成为宣传学校的媒介，成为学校育人的独特空间。

一、校史馆建设前的功能定位

上海鲁迅纪念馆原馆长王锡荣曾说："校史馆本质上是博物馆，但又有别于一般博物馆。"在笔者看来，小学的校史馆又不同于高校校史馆，在功能定位上应该体现以下特点。

（一）突出学校独特文化

"十个锅灶九不同"，学校也是如此，各有各的特征。作为一所具有八十多年历史的老校，它所积淀的文化更是独特的，无法复制的。因此，校史馆的建设无论在整体风格上还是细节把握上都要体现学校文化的独特个性。清水塘因毛主席而出名，清水塘小学因为位于"红"街清水塘而备受关注，可以说它一直沐浴着中国共产党的光辉，感受着开福政府的关怀，因此在校史馆的风格上，以红旗为背景开启学校的"历史沿革"，在色彩上由浓重向明快过渡，既有古色古香的栅栏，又有精巧别致的展台；既有校史的呈现，又有学校集团化办学的展望。

（二）展示学校办学思想

办学思想是一个学校的价值取向，是办学之魂。一所学校的办学思想也体现了其办学品质。作为学校历史的陈列馆在内容陈列上应该以学校的办学思想为主，让师生了解学校的发展历程，认同学校的教育哲学，践行学校的理念文化。清水塘小学在办学过程中始终自觉地与时代对接，用先进的办学理念引领着学校发展。在 20 世纪 80 年代初，就提出了"德育为首，教学为主，素质为重，育人为本"的办学宗旨和"学会做人，学会学习，学会创造、学会发展"的教育目标，倡导"三育"并重，始终坚持走在全国教育改革的前沿。因此，在校史陈列中，显著地呈现学校的校训、办学宗旨、教育目标和培养目标，可以让每一个进入校史馆的参观者对学校的办学思想一目了然。同时校史馆内还设置了"薪火相传"特别栏目，将学校每个年代的办学特点用关键词进行表述，从而让参观者能对学校的办学历程既有全面了解，又可深入研究。

（三）宣传学校重要成果

校史馆不仅仅是学校办学历史的展陈，更是学校与外界联系的一个窗口和媒介，校史馆的功能定位还应该是宣传学校办学成果的重要平台。清水塘小学作为全国第一批"红旗大队"，作为曾经代表湖南省参加全国足球赛的小学，其办学成果也是显著的。因此，在呈现学校办学成果时主要是通过名师的展示、学生的培养和奖牌荣誉的呈现来实现。

二、校史馆建设中的细节关注

小学的校史馆应该不同于高校的校史馆，在建设中应当关注细节，校史呈现和表述要让小学生，可观、可懂，能受到启迪和教育。

（一）注重儿童视角

校史馆属于学校的一部分，既是对外展示，更是身在其中的每一位学生时常可见。清水塘小学的校史馆是开放式的，学生会经常路过。小学生天性活泼，如何让校史馆成为学生们喜爱的地方？首先在整体图案和色彩上，以明快为主，用灯光显示亮丽色彩。其次在文字表述上，做到既有诗意，又易理解。如"春风化雨""薪火相传""清水碧波""情系千秋"分别呈现了名师风采、教育改革历程、桃李芬芳、领导关怀几个部分。再次在内容设置上，既有学生可看的"清水碧波"，以校友为荣而树立心中榜样，也有与学生互动的"队旗下宣誓"，引导学生从小立志，做有"清水气质、江海情怀"的中国少年。

（二）追求创新呈现

校史馆的历史是久远的，但呈现应创新，符合时代要求。一方面用技术呈现校史，既有相应的图片，又有声音的融入，使得校史展览变扁平为立体，更加生动有趣，如校歌展示区、学校校貌 3D 投影、学校故事等均可用多媒体声光电来实现。另一方面可通过色彩灯光的变化来营造烘托展品和图片，使整个展区丰满立体而浑然一体。再次应用发展的眼光来阐述学校发展史，注重展板的方便更替，让展览始终与学校的发展相融洽，与时俱进。

三、校史馆建成后的教育运用

校史馆建成之后应该成为教育与传承的重要阵地，成为学生德育的基地，教师培训的场馆。在校史馆建成后的运用上一方面注重全员参与。如 9 月开学之际，参观校史馆便成了教育集团的青年教师培训和一年级学生进行入学礼活动的既定项目，通过参观让每一个"清小"人全面了解学校校史，认同学校文化，激发其身为"清小"一员的荣誉感和自豪感。另一方面注重仪式感。如六年级毕业典礼之后，学生们会再次参观校史馆，通过"清水碧波"专栏的互动，让学生们感受他们永远在母校心中，今日他们以母校为荣，将来母校希望以他们为荣。充分利用宣誓墙，让每一个毕业于清水塘小学的学生感受"清小"学子的特征，树立报国之志的目标。

　　校史馆是学校传统与校园文化的集中展现的舞台，是学校校史的陈列馆、荣誉室，更是师生成长的乐园。只有心中有情怀，校史馆才会建设好、使用好。

　　（此文原载《学校品牌管理》，2021 年 4 月刊第 164 期，有改动）

🌀《自由在高处》读后感

匈牙利诗人裴多菲曾经说过:"生命诚可贵,爱情价更高。若为自由故,两者皆可抛。"由此可见,自由是古今中外永恒的话题。今年暑假,我有幸与南开大学教授熊培云撰写的《自由在高处》一书相识,让我对自由又有了更深刻的认识。

也许,有的人认为自由就是陶渊明"采菊东篱下,悠然见南山"回归山野的自在;也许,有的人认为自由就是庄子"乘天地之正,御六气之辨,以游于无穷"的逍遥;而我认为自由是对自身的一种约束,它与秩序并存;自由是自我的一种超脱,它与自救同在;自由是生存的一种状态,它与逆境共存。

一、自由与秩序并存

"没有红灯的约束哪有绿灯的自由。"世界万物都是辩证和守恒的。熊教授说:"哪里有混乱,哪里就会没有自由。"确实如此,自由与秩序永远是一对双胞胎。孟子曰:"不以规矩，不成方圆"，党纪国法就是规矩，程序就是秩序。作为基层的负责人，要想享受真正的自由，首先要有敬畏，敬畏党纪国法；其次要有约束，约束自己的言行，说话做事都要以不妨碍其他公民的自由为界限；再次要守规矩，按照程序、规矩履行自己的权利和义务。

二、自由与自救同在

寒冷冬天的早晨，当你处于暖暖被窝之中时，也许在你看来，你是自由的，因为你可以赖床，想什么时候起来就什么时候起来。而实际上，此时的你其实是不自由的，因为你的思想被你身体所牵制。人只有不被身体的负担所左右的时候才真正成为自由之人，而去掉身体的负重其实就是一种自救。正如苏格拉底说的那样："人呀，认识你自己。"人只有在认识自己之中不断地拯救自己，又在自救中不断超越自然，超越自我，才能获得心灵的真正自由。

三、自由与逆境共存

"鱼缸让鱼自由自在地游呀游，同时也为鱼儿划定了生活的边界。因此，人在获得自由的条件时，同时也获得了必须仰仗条件而生活的逆境。"的确如熊教授所言，人的自由大多与逆境共存。米兰·昆德拉则提醒我们"生命不能承受的"不是"重"而是"轻"。有的时候"戴着镣铐跳舞"却能够感受到一种心灵的坦然，一种内心的自由。

"有一种鸟是关不住的，因为它每一片羽毛都闪烁着自由的光辉。"无论我们处于怎样的境地，都应该如熊培云教授所说的那样始终保持一种"关不住"的精神，关心自我实现，追逐自己命运。

🌀 悟生命之道，明教育之本

——读曲黎敏的《精讲〈黄帝内经〉》有感

中国文化博大精深，《黄帝内经》就是一本有着深厚内涵的中国文化经典。也许有些人觉得《黄帝内经》只是一本与医学与养生有关的书，当我通读完《黄帝内经》原文和曲黎敏《精讲〈黄帝内经〉》之后，才知道读懂它可以悟生命之道，明教育之本，知养生之法。

一、生命之道：有志而无欲

《黄帝内经》曰："以欲竭其精。"其意思是：欲望会使人的精气神竭尽。如欲望过剩则对身体无益。《黄帝内经》还认为：欲望是病痛之根源。作为即将步入"知天命"之人，欲望已经低迷，但应该志向犹存，做到"有志而无欲"。首先在目标上，应该志在追寻理想之教育，探寻教育之真谛；而不是追逐名校长或者特级教师的荣誉。前者是志，后者是欲。其次在态度上，应该尽职尽责，认真做好每一件教育中的小事，注重办学中的每一个细节，眼中有人，心中有情；而不是追求新闻效应，轰动一时而雁过无痕。同时，在格局上，成与不成都身心平衡。成了，不以物喜，一如既往，认真坚持努力，并总结经验，应用并推广；不成，不以己悲，依然见南山悠悠，蒹葭悠然，并反思改进，继续上下求索。

二、教育之本：循规律而科学

教育的目的就是增强我们对生命的感受力，从而认识自己，并不断提升自己。正如怀特海所说，教育的目的就是促进自我发展。那么怎样达到教育的目的呢？一个人的发展包括身心且身心和谐发展。《精讲〈黄帝内经〉》中说："少年时期的发展的重要的一个特点是身与心同时发展并且均衡，不偏不倚。"生命的成长不在快速，而在整齐，即人的身心同时发展而不偏失。因此，小学阶段我们首先要遵循孩子身心发展的规律，给孩子们足够的空间，让孩子们无拘无束。小学阶段也是孩子们求知欲旺盛的时期，我们要充分地满足他们，营造润物无声的氛围，给孩子们模仿的环境、想象的空间、实践的田地，调动他们多种感官，从而潜移默化地学习，获得知识，培养能力，提升素养。除了身心发展的协调，同时还应该关注身心发展的顺序性，教学要循序渐进，做到盈科而后进，不能拔苗助长、陵节而施。"男八女七"《黄帝内经》认为男性发展是每八年一次变化，女性发展则是七年一次变化。因此，我们的小学教育还应该遵循男女有别的规律。小学阶段，女孩的身体发育早于男孩，自控力普遍比男孩强，天性好静、细心，做事认真能集中注意力学习。而男孩天性好动，做事粗心，学习时容易分散注意力。对于男孩我们要理解他们的暂时落后，要多加鼓励而不可失望打击，要对男孩加强学习兴趣和学习动机的激发，引导他们培养良好的学习态度和自控力；对于女孩，我们要早于男孩加强其逻辑思维训练，让其逻辑思维在成长关键期得以发展，为后期的学习奠定思维品质。

三、健康之源：顺上天而作为

人工作也好，学习也好，生活也好，最终的目的都是为了生活幸福。生活不如意常有八九，心态最重要。生活是五味杂陈，酸甜苦辣皆有之。读了《黄帝内经》，我则感悟到幸福生活之源头就是顺上天而作为。"食饮有节"饮食要跟着节气走，多吃当季的食物。春天养脾，提倡"食齐"，不能减肥；夏天养肺，提倡"羹齐"，最忌冷饮；秋天养肝，提倡"酱齐"；冬天养心，提倡"饮齐"。起居有常睡觉起床要跟着太阳走，太阳升起来了，就得起床，太阳落山了就得睡觉。睡觉还得跟着季节走，春天和夏天"夜卧早起"，秋天"早卧早起"，冬天"早卧晚起"。锻炼要科学适度，符合身体状况。春天"广步于庭，被发缓形"，多走少跑，要慢走，有节制地走；夏天锻炼要从头到脚微微出汗，夏天出汗才可排除身体的毒素，秋天进补才可收进营养。秋收冬藏，秋天和冬天的锻炼不可减肥。生命的幸福与快乐最终是情绪的稳定，"法喜悠然""境随心转"，心态决定我们生命的长度和厚度。生活之中，我们无论是睡眠、锻炼还是饮食，只有顺应时令节气的转换，顺应自身个体特质才会成就健康，才会获得幸福。

《黄帝内经》虽只有区区几百字，读完只需几小时，但真正领会却可能需要一生一世。"法于阴阳，和于术数"，人生就应该这样，既要符合天道，又得有具体的方法，既要有天地阴阳的丰富多彩，又要有脚踏实地的平凡生活，这样才能得到气血的融合，身心的平和，生活的安泰。

⑤ 走向未来卓越学校的思考

——读《追求卓越》有感

《追求卓越》这本书是我在参加湖南省第二届卓越领航校长班的必读书籍。当我们在智慧赋能的时候，我想我们更应该有追求卓越的态度，这样才真正能够让智慧赋能教育，打造我们的未来学校。我想以《走向未来卓越学校的思考》为题与大家分享我阅读这本书的心得体会。

第一，表达与行动都重要。在未来学校建设中，我们在行动。智慧环境建设基本到位，智慧管理基本实现，智慧教研应用广泛，智能教育开始普及。但就是因为缺乏深度和广度的表达，使得行动是零星的，缺乏整体性和创新性；行动面窄小，行动者大多是青年教师，研究也未涉及关键领域。因此，在未来学校建设中，我们不仅要有行动，还应该有系统性的高屋建瓴的规划，在专家团队的指导下完成未来学校创建的模型，通过校本培训让每一位老师知晓学校智慧教育的蓝图。我们更应该有形象而直观的表达，采用视频、数据等智能便捷的形式把智慧教育案例表达出来，让老师们感知路径，提升素养，让家长和学生感受智慧教育的魅力。这样才会让师生从接受到认同，最后将思想变为自觉行动。

第二，先进的技术与人都重要。在打造未来学校时，我们要关注技术的更新换代，建设和更新教师智能备课、智能批改作业、智能办公、智能教研等软件，让教师感受到智能的便捷；建设能帮助学生自适应学习和自测试的平台或者终端，让混合式学习促进学生全面而个性化发展。但我们更要重视人的主观能动性，"大多数管理系统把人视为生产要素。而其实人是复杂而独特的。人喜欢自视为赢家，以自我为中心；虽是信息处理器，但大脑容量又有限；虽对外在奖惩敏感，但又受内在驱动影响更大。"因此，我很重视对教师的"正面激励"；"自我效能感、成功、文化的认同感，职业的使命感，学校的归属感都是最好的内在驱动。"因此，学校回迁之后，我会尝试与老师们共同重构学校理念文化、共同研究学校发展策略，共同畅谈学校的未来，以激发老师们的清水塘情怀和办好学校的使命感；在指导青年教师课堂教学时，我会恰如其分地肯定他们信息技术的应用，用校级领导的关注来激发老师使用信息技术的积极性。"每个人都认为自己是人生的大赢家。"因此，学校会给教师展示自我的平台，让他们讲述自己将技术、学科、教育深度融合的智慧课堂教育教学故事，从而感受到改变课堂教学的快乐。

第三，智能数据与数据背后的逻辑都重要。"不同于战略、商业和组织所宣扬的人和组织，其实并不是理性，因此通过客观分析所做的判断，看似正确却是让人犯下致命的错误，如果依照理性模式来进行管理，我们会错失许多东西。"由此可见，学生作业的对错、考试成绩的好坏这些理性的分析的确可以诊断出学生知识掌握的程度，但此外学生的思维、情绪、习惯、态度、价值观却无法用分数呈现和分析。因此，清水塘小学一直以来都能着眼学生未来的发展，注重让学生拥有更广阔的眼界。无论是学校的工作规划、课程设置、教学评价，还是每一次活动组织，甚至每一件小事情的决策，我们都会考虑到复杂的人性要素，做到以学生为本。

在未来学校建设中，各种智能带来的数据的确可以让我们了解学校发展的情况。因此，我们也会重视校园或课堂内外、结构化与非结构化、全面的、全体的，或者是全过程的数据收集；也会关注基于大数据分析的结果，并有效地利用这些智能数据，让数据促进学生健康发展。

我相信，广泛而深入的阅读和扎实而创新的实践，一定能帮助我校走向卓越的未来学校。

学习即生活，生活即学习

——青年教师写作班学习心得

我想参加张文质写作班的意愿已久，但一直没下定决心。现在盼来了在长沙开班，于是便有了这三天的学习机遇。虽然晚上没有参与活动，但满满当当的三天给予了我极大的能量。人的终身学习是多么的重要。

因为学习才会让人不断成长。无论是明霞老师也好，刀哥也好，晓霞也好，我虽未全程相伴，但也算见证了他们一路的成名成家。特别是晓霞，这几天她侃侃而谈地主持，幽默中不失专业，衔接自然，更重要的是，她说的每一句话都能够让人感受到生命化教育的味道。也许看张老师的书多了，与张老师对话久了，走着走着，她便融入了生命化教育，自然在字里行间，闲谈主持中都有了这样的思想。张老师在第三天的讲课中就讲到了"要读好一本书，读好一个作家的书"。而我最缺乏的就是这一点。读的书多，但并没有读完一个作家所有的书籍，也没有认真研究过一本书。正是因为这样，自己的理念系统还没有完全建成，这也许就是自己能够办好一所学校却不能形成自己的教育思想的原因吧。如何让自己在学习中成长，我想就从阅读开始吧。选择一位作家的书籍，先选择其一本书，反复读。读懂读通读深入之后，再来读这位作家其他的书籍。在读中感悟，读中思考，读中实践，读中成长。

学习可以让自己的生活变得丰盈。步入中年，事业有成，儿子已经成人，家庭也还幸福。是昏昏碌碌而过，悠悠闲闲而过，还是不断学习，不断成长。我想生命的价值就是在追求无限可能中得以彰显。学习就可以为人生价值的不断升华积蓄能量，从而使自己的人生更加有厚度，让自己的生活变得更加丰盈。这三天的学习，辛苦是不言而喻的。但这三天却是快乐的、充实的。见到了一群有思想的同行者，彼此真诚交谈，热情相待，我们在校园里畅谈，在我家小院摆pose，留下美丽的倩影，在课堂上抒发自己的心中所想，生活就是因为出现了这些朋友、这些经历而显得更加的美妙。

学习会让自己更深入地思考。一直想做一件事，就是想带领我们的老师改变我们的课堂。清水塘小学一直以高质量的课堂教学著称，而我想得最多的是，怎样的课堂才是适合学生的，才是让学生喜爱的，才是促进学生生命成长的。明霞老师将课堂定在了"生命"二字上，李吉林的课堂定在了"情境"上，丁有宽的课堂定在了"读写结合"上。丁校长将学校文化定在了"书信"上，樊校长将学校特色定在了

"经典诵读"上。那么，我呢？通过三天的学习，我决定把研究的方向定在"创全"课堂上，用9年的时间来钻研小学的课堂教学，研究"课堂育人"的路径和策略，通过课堂教学研究摸索出每个年龄段学生的特点，思考每个年级的教学策略，从而形成好的经验与成果。

把学习当作生活的一部分，把阅读当作自己的生活方式，把研究当作自己的工作方式，也许在不久的将来，我也会拥有自己的教育思想。感谢遇见，感谢遇见张文质老师的青年教师写作班。

第二辑

教育教学案例精选

行是知之始。

　　一个案例就是一个故事，一个案例就是一种做法。走进下面的案例，也许你才能感受到我对教育的赤诚！

教学教研案例

案例一：特别的爱给特别的你

背　景

他，姓王，一个手脚都有些残疾的学生；他，在我未来这所学校之前，每当上课的时候，特别是上数学课，他经常会游离于学校的各个教室门口；他，在我未当班主任之前，从未做过作业。这样的一个特殊孩子，怎样才能让他融入班集体之中呢？我想，只有走进他心灵深处，了解到他的真正需要才会有花开的一天。

做　法

那是大扫除的日子，我按照班级原本的规矩挑选了一部分比较能干的同学留下来，自然他是被照顾的对象，不在大扫除同学之列。同学们在我的一声令下之后热火朝天地行动起来。考虑到擦门要搭桌子架椅子，让学生来擦会有危险，我便自己拿起了抹布。这时，王同学蹒跚地走到我的身边：

"周老师，我也想和同学们一起大扫除。分配我一点任务吧。"

他，能做什么呢？万一出现了安全事故，我能承担起责任吗？我心里不免有一些犯嘀咕。可是当我望着他那期盼的目光时，忍不住心软了："你可以做什么？"

"老师，平时你很辛苦，这种力气活我就能干，我来擦门吧。"

主动请缨，他也许能行，让他试试，也许……我于是点了点头。只见他接过我的抹布极不方便地爬上了桌子，认真地擦拭着。可是门上的窗户很高，他够不着，只见他又蹒跚地从桌子上爬下来，拿了讲台上的米尺，绑上抹布又极笨拙地爬上桌子。望着他专注的样子，我知道这正是一个教育他的关键时刻。

大扫除之后，我把他留下来，语重心长地说："刚才，你替老师擦了窗户，因为有你的关心和感恩让我感到了做老师的幸福，谢谢你。所以，以后你有什么困难，老师也希望能够帮到你。今天，让我看见了一个智慧的你，当你碰到困难的时候能够想出办法擦到高处的窗户，多棒呀！老师相信你，同学们能够做到的事情你一定也能行！"

第二天，我在班上表扬了他，表扬了他能够感恩老师，表扬了他能够开动脑筋解决问题，同时我还说了一段话："同学们，王同学虽然肢体有一些不足，但他也是一个有思想、有主见的同学，在劳动中的表现，有些同学还不一定能够及他，他完全有能力可以成为一名好学生。从今天开始，他也将不再有被优待和照顾，他的所有表现都纳入到小组评定当中，同时他将参与班级的每一个活动，与大家一同遵守班级班规。我相信他一定能行！同学们，你们相信他吗?"同学们用热烈的掌声回答了我，我也发现原本驼着背坐着的他渐渐地挺直了身体。我知道，就是这一份信任和尊重让他找回了自尊。

在以后的日子里，我经常把这份特别的爱贯穿于我与他的每一次相处之中：

当他在上课期间跑出去的时候，我会对他说："作为学生，上课是你的权利，也是你的义务，你不能在上课期间随意离开课堂，这是原则问题。你有困难可以跟老师说，我就是你的朋友，你的困难就是我的困难，希望我能帮助你!"同时，为了解决他学习上的困难，我特意安排一组班干部每天下课轮流为他辅导功课。

当秋游的时候，我会为他准备一份中餐，苹果、面包、牛奶，让他与同学们一样拥有可口的食物，可以大方地与同学一同聚餐，我还会在他的身边，给他讲解秋游中所看到的一切。

当班级同学去开展综合实践活动时，我也总是不落下他，让他参与其中，分配他一些有一定困难却又力所能及的任务。

渐渐地，我感觉到他变了，擅自离开课堂的行为也越来越少了；家庭作业虽然写得不很工整，但是每天都能上交了；碰见我，总是很热情地问好；更重要的是他的脸上，开始有了微笑，多了一份自信。

反 思

1. 尊重学生从接触交流开始

一些残障同学不仅仅是肢残，更重要的是肢残带来的心理阴影。本文中的王同学不爱做作业，经常不进教室，这些都是肢残让他自卑，让他在生活中缺乏自信，甚至是因为周围人异样的眼光造成的。因此，当我知道班级中有一位残障学生之后，我心里着急，为他的日后成长着急，但我并没有展现在表情上，而是放在了心里。当王同学提出与学生一同进行大扫除时，我知道这是一个很好的教育机会，也是一个转化他的机会。因此，我尊重了他，相信了他，也因此拉近了我与他的距离。

2. 发现闪光点要多表扬

一名残障学生，能够主动进行大扫除，可以看出他是勤劳的，只要引导有方，一定可以自食其力。最可贵的是王同学面对困难能够开动脑筋，解决问题，说明他肢残心明，完全有能力学习。因此，我在班级中表扬了他，表扬他的目的就是树立他的信心。这种表扬对于他来说肯定是机会难得的，所以对他的触动挺大，这就让我与他之间进一步建立了信任。

王同学学业落下很多，即便他有学好的想法，但是没有学好的基础那一切也都是枉然。因此，当他愿意写作业的时候，我安排了辅导小组轮流为他辅导，目的就是希望能够通过辅导提高他的学习成绩和学习能力，让他在学习上获得成功感，让这种成功感变成他学习的内驱力。

拓 展

关于特殊教育的相关理论学习

社会学习理论的创始人班杜拉（Albert Bandura）从社会学习的观点出发，在 1977 年提出了自我效能理论。自我效能感是个人对自己完成某方面工作能力的主观评估。评估的结果如何，将直接影响到一个人的行为动机。班杜拉认为人类的行为不仅受行为结果的影响，而且受通过人的认知形成的对自我行为能力与行为结果的期望的影响。个体在践行某种行为时，首先要推测一下自己行不行，有没有实施这一行为的能力与信心。这种推测和估计的过程，实际上就是自我效能的表现。因此，人的行为既受结果期望的影响，更受自我效能期望的左右，自我效能是人类行为的决定性因素。教育的核心就其本质来说，就在于让学生始终体验到自己的价值，从而提升自我效能感。残障青少年由于身体上的缺陷，很容易产生自卑心理。作为教育者只有让残障学生意识到自己并不是没用的废人，同样具有劳动能力，同样能够为社会创造价值，能够为大家服务，能够得到所有人的尊重，让他们重拾尊严，这样才可以让他们找到自身存在的价值，他们才会身残志坚。

案例二：否定性评价要呵护孩子心灵

背 景

自从新课程实施以来，激励性评价充溢着我们的课堂。然而，在我们的教育教学中，学生难免会出现错误。《语文课程标准》指出："学校和教师要……客观地描述学生语文学习的进步和不足，并提出建议。""……应以鼓励、表扬等积极的评价为主，采用激励性评语……"从"客观"一词可以看出，教师评价学生的语文学习时应该遵循"客观真实"的原则，对就是对，错就是错，当学生出现了错误时，不能含糊，更不能称其为"正确"，而应该及时纠正，并提出建议。从"为主"一词可以看出我们的评价除了"鼓励、表扬"等积极的评价以外，还应该有相应的辅助式的评价方式。由此可见，体现新课程理念的课堂即时评价应该既需要"鼓励、表扬"，也需要否定性的评价。

但是，有些学生却不能正确地认识否定性评价，有些教师在进行否定性评价时，也不太注意方式方法，从而使得否定性评价打击了学生的自信心。因此，当教师在进行否定性评价的时候一定要小心谨慎，要时时呵护孩子幼小的心灵。

做　法

两次朗读

在一次语文课上，我执教的是《沙漠之舟》。虽然这是一篇说明文，但语文课堂"朗朗书声"不能少。因此，我把朗读训练作为了我教学中重要的一环。可是当我请一名平时很少举手回答问题的男同学起来朗读课文的第三自然段时，他不仅没有读出沙漠风沙四起的气势，而且还落下了好几个字。听了他的朗读，我想我不进行评价似乎不能让他明白他的不足，可我又担心直白的否定性评价会损害他的自尊心。在这种情况下，也许同伴的评价更让他易于接受，于是我把"球"踢给学生，"同学们，你认为他读得怎么样？希望大家能多肯定别人的优点"。尽管，我一再提醒学生们多给予肯定和鼓励，但学生们是诚实的，他们不会讲假话，只有客观的评价："我觉得他没读得正确……""他漏了字，还加了几个字""我觉得他没读出感情……"。面对同学的否定，这名男同学满脸通红，原本自信的头悄悄地埋了下去。我看在眼里，记在心里，感受到自己现在不是要完成教学任务这么简单，我还有一个重要的任务便是重振这名男同学的信心。我一边肯定学生们的评价是客观的、中肯的，一边对这一自然段进行朗读指导："你们认为哪些词语能够突出沙漠的特点?"于是，在学生的体会下，我把"可怕、飞滚、整座、全"标上了着重号。"为了读出感情，我们再来试试，请大家先自我练习一下。"我趁着学生们在津津有味地练读时，来到了先前的那名男同学身边，小声地说："虽然刚才你读得不够好，但是老师相信你过阵子一定会读得更好，好好练习吧!"他听了我的话，感激地望了我一眼，便埋头认真的练读起来。

又一轮朗读表演开始了，我用商量的口吻说："同学们，刚才这名男同学读得不够好，那么经过刚才的练习，他是否有进步呢? 我们让他试试好吗?""好"这名男同学又一次激动地站了起来，我再次来到他的身边摸了摸他的头说："别紧张，老师支持你!"他大声而又激昂地读了起来"沙漠里的大风是很可怕的……"整个朗读有轻有重，抑扬顿挫，顿时，教室里响起阵阵掌声。这名男同学又一次脸涨得通红，不过与开始不同的是，他的眼神充满了自信，脸上洋溢着兴奋。在接下来的二十几分钟里，他一直都是那么积极踊跃地参与学习活动。

反 思

在上述案例中，之所以我能让学生重拾信心，是因为:

1．及时的否定性评价让学生明白了自己的不足

在错误中不断学习也是一种很好的学习方式，但如果教师对学生出现的错误性答案不能及时给予正确的判断，不加以纠正，那么学生就会误解得到教师的默认，那将是"其为惑者，终不解矣"。其他学生也会贸然接受。当文中的男同学朗读出现错误时，教师通过评价让他明白了自己的不足，找到了自己的努力方向，这样有利于以后的学习。我想，这名男同学第二次能够读得好，就是建立在第一次的失败上的成功。

2．再次尝试的机会让学生重拾信心

未成年学生的内心是脆弱的，否定性评价如果不谨慎使用就可能损伤学生的自尊心，影响他们的学习热情，甚至影响他们的一生。我想，在这一教学中，我关注了学生的个体表现，捕捉了学生隐藏内心的情绪，不仅给了他再次尝试的机会，而且还给予了及时的帮助，为他第二次的成功打下基础。

如何更好地进行否定性评价，我们须注意以下几点：

1．否定性评价要关注学生个体差异

学生存在的差异是客观的，绝对的，我们不仅要承认学生在发展上、智力上的差异，而且要尊重这些差异。我们在进行否定性评价时，需要更多地关注个体差异。因为不是所有的学生都能接受否定性评价，否定性评价也不是适用于所有的学生。这就要求我们在尊重个体差异的基础上使用否定

性评价。

对于学困生来说，在学习上本来就信心不足，如果还对他们进行否定性评价的话，那么他们对语文学习就无兴趣可言了。但对于优秀生，平常听到的表扬多，如果在适当的时机给予否定性评价的话还有利于平衡其心理，这一小小的警示可以使这些优秀生时刻保持积极的心态。如果优秀生因为学习态度出现错误时，教师可以直白相告，"只有认真才能立于不败之地。"如果是因为能力问题，教师可以加以鼓励："回答得不对，但聪明的你再动动脑筋一定行"。

2. 要讲究否定性评价语言的艺术性

一是评价的语言要有童趣。我们面对的是一群年幼的、生理和心理都尚不成熟的孩子，要避免用"长篇大论"来教育他们，那些"大道理"只会使学生眼里的老师"高高在上"，使学生跟老师之间产生距离感。而老师童趣化的语言会使学生倍感亲切，易于接受。我们在评价时可以这样说："读得不对，能再读一遍吗？""你虽然答错了，可你的声音却是那么洪亮，我真喜欢你呀！""是呀！这个字挺难的，要想读好，你还得多练练噢！"二是评价的语言要幽默。评价语言的幽默是课堂教学的一道亮丽风景线。它可以激活课堂气氛，调节学生情绪；可以提高批评的效果，让课堂违纪的同学心悦诚服；幽默的语言不仅否定了学生的一些错误行为，让学生明白了自己的不对，同时还易于接受。三是评价的语言要委婉；在心理学上，委婉是采用含蓄的方式，对他人的心理和行为发生影响，从而使他人接受某一观念，或按照某一方式活动；委婉可以不显露动机，不指明意义，而把所要表达的含义间接地传达给对方，使其心理和行为受到影响。每个人都有自尊心、虚荣心，运用语义明确的语言，会给对方很大的刺激，伤害对方的自尊心，特别是带有忠告性的意见或建议，若不考虑言辞，不但对方不容易接受，而且也达不到忠告的目的。因此，进行否定性评价时运用中听的言辞，温和委婉的语气，平易近人的态度，可以使对方理解老师评价的目的。评价时，我们可以使用这样的语言："老师再讲一遍，请你听仔细再回答。""你的答案非常接近答案了，如果你再认真想一想，老师相信你会成功。""你的想法不够准确，请别紧张，老师相信你能明白的"。这样的语言既委婉地告诉了学生自己的回答不正确，又从学生失利中寻求成功的一面，以呵护学生的自尊心。同时，教师让学生拥有了自我反思、调整的机会，让学生获得了积极的情感体验。四是评价的语言要体现教师的真诚。古人云"亲其师而信其道。"只要教师对学生存在着积极的、合适的期望，那么，每位学生都能比现在做得好。对答题有失误的学生，教师不能用"真笨""真差"等贬义语言来刺激他，而应该真诚地指出错误，分析出现错误的原因，并提出改进方法，让学生感受到老师在帮助他、关注他。可以这样说："你这道题做错了，是因为你有点粗心，再做一做，你一定能行！""看来，你得看仔细，这样朗读的时候才不会落字、加字。"

这样的语言虽然是对学生的回答进行了否定，但却真切感人，也让学生明白只要自己改进方法，就一定能达到好的学习效果。

3. 对学生进行否定性评价之后，要注意引导、启发

规律性的知识，智慧含量高，有人称之为母知识，这样的知识终身受用。而这些规律性的知识，学生很难全面地总结出来，那么在对学生进行否定性评价时，不能简单地用一句"错了""不全面"来概括，而是应该进行提炼。如当学生把"欲速则不达"的"速"解释成为"速度"，教师可以如此评价："古时候的语言很简洁，'速度'在这里是急速、火速的意思。现在这个字已不再单独使用了。"这样从老师的评价语言中，学生不仅知道了自己的理解是错误的，还知道了汉字经历了长期的变化，许多字已经不是原来的意思了。那么下次他们遇见难理解的词语就不会望文生义了。

除了教师的提炼，教师还应引导学生思考，启发学生找到"规律"，寻找掌握学习的工具，当学生在思维上出现障碍时，教师应为学生架桥铺路，让学生思路豁然开朗。例如，学生在学习总分段时，没有找准自然段的中心句，教师可以这样进行否定性评价：中心句是"概括自然段内容的句子，你找的句子概括了这段的内容了吗？再试试，你一定能行。"通过这样的启发，学生就明白了什么是中心句，同时也能通过学习实践正确找到相关的句子。

4. 对学生进行否定性评价时，要尽可能地给学生再次

尝试的机会

　　教育实践证明，否定性评价后给学生以再次尝试的机会，有助于学生修正错误，树立信心，平复那颗沮丧而慌乱的心。这也是评价的根本目的所在。否定性评价学生就是为了让学生真正掌握知识，不是为了"否定"而否定。因此，当学生知错以后，再给他一次改正错误的机会是非常有必要的。

　　当学生朗读课文不流利时，我们可以给一些时间让学生练习，然后让他再次朗读；当学生理解课文出现偏差时，我们可以引导学生多读课文，然后再次理解；当学生造句不正确时，我们可以在多人造句之后，再让其说句子，让他们有范例可仿。这样，教师在否定性评价后，由于给了学生再次尝试的机会，学生自尊心得到了有效的保护，既让学生尚存些许自豪感，又使他们真切地明白还存在的问题，也就有勇气去面对，去克服了。

　　总之，在对学生进行否定性评价时，教师一定要以人为本，小心呵护孩子幼小的心灵，这样才会减少否定性评价带来的负面效应。

拓　展

关于"否定性评价"的相关理论学习

　　否定性评价是一种怎样的评价？教师在进行否定性评价

时应该注意些什么？为了把握否定性评价的内涵，发挥否定性评价的积极因素，我学习了《语文课程标准》。《语文课程标准》指出："学校和教师要……客观地描述学生语文学习的进步和不足，并提出建议。""……应以鼓励、表扬等积极的评价为主，采用激励性评语……"从文中"客观"一词可以看出教师评价学生的语文学习是应该遵循客观的原则，对就是对，错就是错，当学生出现了错误时，不能含糊其词，更不能称其为"正确"，而应该及时纠正，并提出建议。从"为主"一词可以看出我们的评价除了"鼓励、表扬"等积极的评价以外，还应该有相应的辅助式的评价方式，那么，"否定性评价"其实就是辅助式评价方式之一。

辩证唯物主义告诉我们，一切事物都是辩证统一的。就评价而言，既然有激励性评价，那么必然存在否定性评价。否定性评价能让学生发现不足，知道对错，明白努力的方向，同时还能提高学生的心理素质，增强学生的耐挫力，是学生成长中不可缺少的一股力量。

美国心理学家桑代克提出了尝试错误学习，即学习是尝试与错误改正的过程。在问题情境中，个体表现出多种尝试性的反应直到其中有一个正确反应出现，将问题解决为止。不过在尝试错误学习过程中，之所以某一反应能够与某一刺激发出联结，原因是该反应能够获得满意的效果。在此基础上心理学家斯金纳研究证明，无论增强物为正还是为负，其对个体学习均发生强化作用。那么就评价而言，激励性评价如同正增强物，是赞同、是奖赏；而否定性评价如同负增强物。这一教育理论告诉我们，教育评价原则上只能说多进行肯定的、积极的激励性评价，少些否定的指正性评价，而不能说只进行激励性评价，不进行否定性评价。

⑤ 案例三：多元设计，提质减负

背 景

家庭作业作为教学的一个重要组成部分，它是巩固所学知识，寻求未知知识的一个重要环节，是学生理解、运用知识的过程。然而，许多语文教师在布置作业时比较随意，不大考虑科学性与适应性。致使学生的作业有的只是教材中的练习题或教材配套的练习册；有的是"千篇一律"，无论是内容、数量，还是形式都缺乏改变，无法激起学生的兴奋点；有的作业"一刀切"，没有根据学生的具体情况"因材而定"，这样一来，大量的"繁、难、杂"的作业使学生成了应试教育"工业生产流水线"上的需要加工的"零件"，使得学生不厌其烦地做着抄、写、背等重复劳动，在行为和思维方式上完全服从教师的指挥，毫无个性和创造力。种种原因致使学生的作业兴趣不浓，热情不高，只有改革家庭作业的内容、形式，才能让作业成为学生成长的"履历"，激发学生成长的积极情感、态度、价值观。

　　鉴于以上原因，学校立足于基础教育课程改革的实践，从作业存在的现实问题入手，通过对当前小学作业改革中存在的若干问题进行透视和剖析，吸取国内外先进的评价理念和教育学、心理学成果，多元设计语文家庭作业，改革作业设计的内容和形式，细化作业的层次，以助力减负提质。

做 法

一、改革语文家庭作业的内容

　　《语文课程标准》明确指出："语文课程应致力于学生语文素养的形成与发展。""语文课程应培育学生热爱祖国语文的思想感情，指导学生正确地理解和运用祖国语文，丰富语言的积累，培养语感，发展思维，使他们具有适应实际需要的识字写字能力、阅读能力、写作能力、口语交际能力。"因此，我们的语文家庭作业应该为培养学生的语文素养服务。鉴于此，我们的语文家庭作业在内容上包括"双基"作业、课外阅读作业、流动日记、综合性作业等，每一种内容都分为两个层次，既讲究基础性，又讲究拓展性。这样，能够使学生扎扎实实地学好语文，又能够在作业实践中培养学生的创新能力和实践能力。

（一）"双基"作业

教材是获取知识和技能的凭借，我校在作业内容上主要以教材为蓝本，重点对教材内容的复习巩固、理解运用；以生活为指针，贴近生活、应用于生活、服务于生活。"双基"作业主要有课前预习作业和课后作业套餐。

预习作业的设计主要是让学生明确预习的意义，了解预习的重要性，增强学生的自觉性，同时还教给学生预习的方法。根据各年段的不同，预习作业要求也循序渐进提高。低年级的预习内容有：读课文三遍；查字典，用学过的识字法自学生字；标记自然段；查阅相关资料等。中年级的预习内容有读课文三遍；自学生字新词（抄写、解释或造句）；质疑，利用工具书解决 1－2 个问题；查阅资料，了解写作背景等。高年级的预习内容有读课文五遍；自学生字新词（抄写）；创作空间（运用课文中的新词写一段话）；日积月累（多音字、近义词、反义词、成语、形近词组词等）；质疑等。课后作业套餐主要根据教材重点、难点设计词、句、标点运用、修辞以及语法知识等练习，以起到巩固知识的作用。

（二）课外阅读

《语文课程标准》提出：要培养学生广泛的阅读兴趣，扩大阅读面，增加阅读量，提倡多读书，好读书，读好书，读整本的书。我校引导学生读书主要从兴趣、方法、习惯等方面去培养。通过古诗背诵比赛、制作阅读卡、办读书小报、整本书阅读等形式来激发学生阅读兴趣；通过导读课、读书分享会、读书报告会等形式来指导学生掌握阅读的方法；通过读书存折、评选读书达人督促学生养成每天阅读1小时的习惯。

（三）流动日记

在习作方面我校以"流动日记"为主要练习形式。具体做法是：把班上五十多名学生，按照学习能力进行搭配，组成了几列"火车"，每列"火车"设立"火车头"，带动这列"火车"的同学共同进步，每列"火车"发一个日记本，由他们自主取名，自主地设计封面，在日记本上写下发生在他们身边有趣的事情，每列"火车"由一名同学写日记，阅读前面学生的日记，并由家长写出评语。每天老师对每篇日记进行精彩的点评，同时抽出时间给孩子们提供一个互相交流的机会，上台朗读自己的日记，从而来自不同的家庭的学生记录下不同的几件事，让老师和同学分享他的写作。等到这列"火车"的学生都轮流写完一篇流动日记后，教师就评出这一轮的"优秀火车"，给他们贴上一个象征胜利的奖杯。每个学期末教师还动员家长、学生合力编辑"流动日记"，印制成册。

（四）节假日综合作业

周末、节假日、寒暑假，因为时间比较集中，我们把这一时段的作业功能定位为：培养学生的语感、创新意识、实践能力，倡导学生个性化发展。假日作业的理念就是让学生从书本中跳出来，从题海中跳出来，走向社会，结合生活实际而作的开放性家庭作业。寒暑假语文作业设计各年级形式不一，如一年级的故事录音，二年级的"画中话"，三年级的生活日记，四年级春节主题活动，五年级调查报告，六年级办手抄报等。周末、节假日、寒暑假的语文家庭作业不再是枯燥的字词抄写，不再是单一的命题作文，内容的丰富，形式的多样，不但没有降低学生语文学习的要求，反而在重视学生语文素养培养的同时，还提高了学生的实践能力。

二、丰富语文家庭作业的形式

多元智能理论认为，人类的智能是多元的，有言语—语言智能、逻辑—数理智能、音乐—节奏智能、视觉—空间智能、身体—动觉智能、交往—交流智能、自知—自省智能等，每个正常人都在一定程度上拥有其中的多种智能。同时，每一种智能对于个人及社会都具有重要发展意义。在这一理论的支撑下，我校语文老师在设计语文作业时广泛地涉猎与教材相关的文学、生物、环境、音乐、城市、绘画、家庭、社交、科技、信息技术等社会生活的方方面面的现象和知识，让学生的常规语文家庭作业形式由原来单纯的生字抄写和课文朗读变成了以下形式多样的作业类型。

读写积累型作业：结合教学内容，或推荐篇目，或规定阅读时间，或引导学生进行同一内容的拓展性阅读，或要求学生进行写读书心得，仿写精彩片段。

口头表达型作业：设计"当小导游""新闻播报员""讲故事"等口头表达型作业。学生在家里一般无拘无束，畅所欲言。学生可以在家人面前"显示本领"，家长直接听孩子"演讲"，又随时可以对孩子加以指导点拨。

编创型作业：融会音乐、舞蹈、绘画等艺术手段编排课本剧，或者编辑专题手抄报、电脑报，制作PPT，根据对诗文的理解完成书法、绘画创作等类型的作业。

三、注重语文家庭作业的层次

学生之间、学生各年龄段之间能力水平不同提醒我们要注意布置作业要有层次性，以防止作业给学生们带来挫败感。

首先要注重作业难易的层次性。一是纵向从易到难，随着年级的升高，作业的要求也越来越高。二是横向有梯度，可选择，如同一班的学生，因为不同水平，要求可以不同，作业内容也可以设计必做题和选做题，让学生根据自己的能力和需要自主选择。因学生年龄段而异，因学生个人能力水平不同而异，这样设计作业可以消除学生的恐惧、厌烦作业的心理，促使学生主动完成作业，按兴趣完成作业。

其次要注重评价的差异性。对学生的作业，教师不仅要给出一个对错判定和作业等级，更重要的是要根据不同学生的情况给予适当的鼓励、引导。记得张华教授曾经表达过这样一个观点："老师不要轻易给学生太多的结果性评价，不要轻易评价学生作业的好坏，而是应该用语言来描述你所看见的作品。"在家庭作业评价方面，我校把作业评价定位在"欣赏"，让单一的等级式评价走向对话，走进学生的心灵。例如，"流动日记"的评价，有老师对学生日记的精彩点评，有学生上台朗读自己的日记；有家长对孩子的日记进行对话评价，更有每到学期末，老师和全体家长共同把学生的"流动日记"整理成册，人手一本，在班级内分发。这种"欣赏式"评价能够让学生尝到成功的喜悦，激励他们更认真地完成家庭作业。

反 思

其一，激励性评价能够激发学生认真做作业的自觉。

"流动日记"不仅为学生提供了课外练笔的机会，激发了学生的写作兴趣，提高了学生的写作能力，还成了师生、家长互相学习交流的平台。教师在批改作业时采用激励性评价，真诚地写上点评，有欣赏、有肯定、有点拨、有激励，让作业本成为师生沟通思想、交流感情、教学相长的平台，师生的情感就会在交流与沟通中得到升华。家长们的评语也富有激励性，有的总结优点、重在激励；有的指出不足、促进发展；有的点评生动中肯，有的本身就是一篇很好的短文，这样，作业成了学生们与父母交流的平台。家长与教师的激励性评价让学生们得到了肯定，获得了成就感，这种肯定和成就感自然也会内化为自觉修为。

其二，多元的作业可以促进学生全面发展。

上述案例中多元型语文家庭作业已经不仅仅是一个载体，还是一个极好的凭借，不仅充分学习和凭借了教材内容，还给学生一个起点、一个支点，激发学生的多感官体验，调动学生的情绪活动，让学生在愉悦合理的情境中，利用生活和学习中熟悉的材料来展示他们的潜能，使学生在读、画、演、写、创中发展自己的各方面能力，实现全面发展。

其三，兴趣是最好的老师。

孔子曰："知之者不如好之者，好之者不如乐之者。"兴趣可以让学生产生一种内驱力，这种内驱力可以使学生主动学习。然而，现实不容乐观，我们在教学中发现，有些学生需要家长的督促才能很好地完成家庭作业，同时，拖欠作业的现象或多或少存在。我们认为产生这些现象的重要原因就是在作业过程中，教师往往忽视了指导学生充分运用感官，全方位、多角度地认识事物、感知事物，也没有鼓励学生以丰富多彩的形式展现其学习、思考的结果，最终导致师生之间只是浅薄的文本符号的往来，毫无和谐美好的情趣可言。

其四，科学布置作业是知识巩固的最好方式。

艾滨浩斯曲线遗忘规律是：遗忘速度先快后慢。在学习识记完某一知识后，遗忘就开始发生，尤其在起始阶段遗忘的速度较快。因此，在学习完某项内容后应及时复习，在未等记忆的内容遗忘掉之前就再次复习。这样只需要花费很少的时间就能复习巩固一次。如果等所学的内容完全忘了之后再去复习，就等于重新学习一次，此时所花费的时间就比较多，学习的效率就比较低。上述案例非常重视"双基"的巩固，有预习和复习。学习课文之前让学生读书、自学、质疑；学完课文之后，设计课后作业套餐，让学生默写、背诵、仿写，穿插词、句、标点、修辞等知识练习，作业所起的巩固作用让学生的"双基"更扎实。

总之，小学语文家庭作业的研究让教师在进行语文家庭作业设计的时候能够树立"大语文观"，能够有效地把握语文教育的规律，在评价的时候能够关注学生的发展，尊重学生之间的差异，以表扬、鼓励等积极评价为主，特别是采用激励性评语，使学生做作业兴趣得到提高，作业习惯得到改良，学习效果显著。

拓 展

"行走长沙"暑假实践作业方案

年级	主要任务	成果呈现方式
一年级	1. 活力迸发，悦长沙：饮湘江水，讲长沙话。请学会一首长沙话童谣/3－5句长沙方言。 2. 历史悠久，品长沙：一座城就是一本书，翻开长沙这本历史悠久的书，了解长沙的历史。 3. 人文荟萃，探长沙：雷锋家乡学雷锋，请通过阅读雷锋故事，学习雷锋乐于助人的好品质，思考自己能为星城长沙做什么好事，并付诸实际行动。 4. 风光秀美，行长沙：与家人打卡一处长沙美景。	用四宫格照片或图画（每个内容一幅图）配两至三句话，表达你对长沙的了解。 呈现方式：A4纸，图文并茂。

教育的守望——一位校长的教育探索

年级	主要任务	成果呈现方式
二年级	1. 活力迸发，悦长沙：与家长连续一周早起，到家附近的公园晨跑或运动30分钟，观察清晨的长沙。 2. 历史悠久，品长沙：一座城的活力其首当在人。请你拜访身边的老长沙人，了解长沙人的精神。 3. 人文荟萃，探长沙：稻米香万年，请实地寻访隆平水稻博物馆，感受袁隆平爷爷赤子情怀、为民初心和敢为人先的湖湘文化。 4. 风光秀美，行长沙：在长沙有很多以人名命名的街道，这些名字背后藏着哪些故事？这些人又和长沙有着怎样的渊源呢？请你探寻、讲述他们与长沙的故事。	用九宫格图文并茂的形式，记录你的行动，每幅图配上一段话。 呈现方式：A3纸，图文并茂。

年级	主要任务	成果呈现方式
三年级	1. 活力迸发，悦长沙：从网红"茶颜悦色"到动辄排号过万桌的文和友餐厅，"网红"美食已成为长沙的"流量密码"，请和好朋友一同打卡一道长沙美食。 2. 历史悠久，品长沙：触摸历史的足迹，穿越时空游星城，实地打卡长沙规划展示馆。 3. 人文荟萃，探长沙：文明其精神，强健其体魄。请亲子参观湖南第一师范学院城南校区的毛泽东纪念馆，了解青年毛泽东立志求学的故事，立下自己的志向。 4. 风光秀美，行长沙：请连续一周，固定时间段前往家附近的公园或广场，观察、统计长沙人民喜闻乐见的运动种类和年龄层次。	制作一本连环画或者是小人书（可以是漫画、统计图等），将你探寻到的长沙风物人情用图文表现出来。至少8页，要求有封面，有封底。

年级	主要任务	成果呈现方式
四年级	1. 活力迸发，悦长沙：在长沙，吃就是一门必修课。长沙的小吃数不胜数，请你学做一道地道的长沙小吃，与家人分享。 2. 历史悠久，品长沙：曾是古渡口的灵官渡，见证过长沙水运的盛况，通过乘长沙地铁 3 号线至灵官渡站，了解湘江渡口文化。 3. 人文荟萃，探长沙："一个城市灵魂的高度体现在它的博物馆。"请约上好友前往长沙文化地标湖南省博物馆，领略湖湘文化奥秘的同时记录下令你印象最深的一件物品。 4. 风光秀美，行长沙：长沙是一座古老又年轻的城市，请与好友用脚步丈量长沙，拿起相机重新认识这火热如盛夏的长沙吧。	做一张手抄报，要求有主题，分板块将自己行走长沙的所见所闻以图文并茂的方式呈现。要求用 A3 纸张，设计美观，书写工整。

年级	主要任务	成果呈现方式
五年级	1. 活力迸发，悦长沙：乘坐地铁 1 号线，访"省政府—清风站"，感受浮雕、篆刻、剪纸、版画等艺术形式之美，体会湖湘文化，了解廉洁故事。 2. 历史悠久，品长沙：千年学府，岳麓书院，汇集了湖湘文化的精髓，实地探访红色地标岳麓书院，并了解与之齐名的三大书院。 3. 人文荟萃，探长沙：长沙是中国出土简牍数量最多的城市。秦汉以前，简牍是使用最广泛的文书形式。走进长沙简牍博物馆，了解历史，认识文字、书写载体的变化。 4. 风光秀美，行长沙：了解长沙旅游路线，并尝试游一游。	根据自己的实地考察，围绕问题，写一份《行走长沙的考察报告》，内容包括：问题的提出、考察方法、收集到的资料、得出的结论、我的建议等。

案例一："评优"让教师不再"躺平"

背 景

那是一个暑假末，我初到一所学校担任校长，长沙市优秀教师评选便如期而至，可当学校将评优通知公示时，好几天都无人问津。

通过对行政人员的访谈和与部分教师交谈，我发现这所学校的教职员工之所以对评优评先工作无动于衷，主要原因有三：一是老教师缺乏上进心。部分老教师坚守教育二三十年，几乎没有横向（学校之间）和纵向（职称职务的晋升）的交流，一旦评上中级职称，便开始在工作上慢慢"躺平"，不阅读，不学习，日复一日埋头工作而不追求创新，不追求卓越；遇上学校评优，更是直接省略"评选"过程，经常简单地把"优秀"分配给一些需要评职称的教师。二是年轻教师专业发展方向迷茫。大多数年轻教师经验不足，又无法得到老教师的传带帮，使得专业成长速度慢。日复一日没有成就感的职业体验让一些年轻教师也渐渐"躺平",对评优评先自然提不起兴趣。三是教师之间缺乏竞争力。因为"躺平"使得教育教学缺乏创造性,个人成果少,遇到类似虚指标需要竞争的评优,就会因为实力不足而怯于申报。

心理学家调查发现,在没有激励的情况下,员工只能发挥 $20\%\sim30\%$ 的能力,但通过激励调动其积极性,人的潜力可能会发挥到 $80\%\sim90\%$。这说明激励就是解决"躺平"的最好方式。作为学校管理者,我想要改变这所学校,首先就要充分利用好这一次"评优",发挥"评优"的激励作用,唤醒老师对教育的热情,激发教师的内驱力,让教师从"躺平"中奋起。

做 法

一、思想引领为"优秀"正名

苏霍姆林斯基说过:"领导学校,首先是教育思想的领导,其次才是行政上的领导。"为了让学校的"评优"不变形,不走样,我决定利用教师会议的机会给大家"洗脑",为"优秀"正名。于是在教师会上,我以《何谓评优》为题进行了一个微讲座。首先,我阐述了"评优"的意义。一方面"优秀教师"的评选具有激励作用。是对"优秀教师"工作的认可,更是对老师们一种精神上的激励。另一方面"优秀教师"的评选是树立榜样，起模范引领作用，引领集体中的每一个成员向优秀看齐。更重要的是"优秀教师"与"优秀学校"相辅相成，名师成就名校，名校又可以孕育更多名师。其次我宣读了评优的程序，评优可以自我推荐，也可以集体推荐，无论哪种推荐都必须经过一定的程序，即"推荐—群众民主评议—领导小组民主评议—公示—上报"。再次，我解读了学校民主推荐和领导小组评议的方式。群众民主评议为选举民主，以无记名投票方式进行，领导小组民主评议为协商民主，先协商，后票决，计分方式按照票数进行排名，群众民主评议第一名计 60 分，领导小组民主评议第一名计 40 分，第二名分别计 58 分和 38 分，依次类推。通过思想引领，全校教师达成了共识："评优"不是谁要就给谁，而是真正的德才兼备、实至名归；"评优"的过程也不是走过场，而是实打实的公开公平公正。

二、明晰标准，为"优秀"画像

那么，怎样的教师才是优秀教师呢？为了避免大家在民主投票时无据可依，学校在上级部门文件的基础上根据本校实际情况增添了评选标准，为"优秀"画像。其一，"画底线"。学校画出一票否决的底线。凡是近 3 年内出现过师德师风和安全问题的教师在"评优"时实行一票否决制。其二，"立标尺"。学校在综合分析优秀教师特征的四个维度及其内涵，即"德能勤绩"，并结合本校实际和时代背景对优秀教师进行角色定位，认为我校的优秀教师是"立足农村和爱生如子"的奉献型教师，是"促变教学"的实干型教师，是"不甘落后"的学习型教师，是"卓有成效"的创新型教师。其三，"树榜样"。市级"评优"名额只有一个且不是实指标，只有评选出学校最优秀的教师才可能有竞争力。于是，学校召开校务会展开讨论，根据评选标准圈出符合基本条件的所有人员进行公示。这样的"画圈"其实就是树立榜样，把符合优秀基本条件的优秀人员选出来，把优秀教师的形象树起来。这样的"画圈"也是树立信心，让老师们觉得市级优秀教师也不是那么高不可攀，许多教师都符合优秀的标准，优秀教师就在我们身边，可触可摸。

三、提供帮助，为"优秀"架梯

当老师们对评优有了正确的认识后，评优的态度也变得严肃而端正。在公开、公平、公正的程序下，一位年长（40岁以上）数学老师当选了，当选者还须填报材料，撰写总结。一线教师工作忙，对信息技术的运用也不在行，总结也不常写，当选对于当选者来说是荣誉但也成了负担。为了帮助这位当选者尽快完成推荐材料，学校马上成立了工作小组，给予架梯助力。文字组负责修改优秀事迹，信息组负责收集、整理、制作材料。在大家齐心协力之下，厚厚的一本齐全的材料如期完成。经过区级、市级评选，最后这位教师成功获得了"长沙市优秀教师"的荣誉。

四、扩大影响，为"优秀"宣传

为了让评优能够鼓舞所有教师的士气，学校在全体教师会上由校长亲自进行证书颁发仪式，并隆重介绍这位教师的先进事迹。虽然当时没有公众号，但公开颁奖和介绍事迹也起到了宣传作用，一人得奖，众人受激励。自评优之后，当选的教师开始变得更加积极起来，40多岁的她在教学上不断创新，针对学情每天创造性精心设计家庭作业；指导青年教师获得市级教学竞赛奖；所带班级学业成绩提升迅速；她除了工作也开始积极参加学校的"读书会"，每次的读书笔记都得到了学校的推介。在她的影响下，学校教师也都积极行动起来，大家参与学校市级规划课题研究，积极开发校本课程。在全体教师的努力下，学校教科研第一次获得市级友谊教育科研奖，学生的舞蹈第一次在市级舞台上展示，更重要的是每一位老师都融入了学校的大集体中，焕发出积极向上的工作热情，形成了和谐、积极向上的氛围。

反 思

从上述案例中我获得了以下启示：

1. 培养信念和加强理解是可以改变教师的理念与行为的

影响力模型认为培养信念和加强理解是改变理念和行为的四大杠杆之一。本案例中，当教师对评优这一事件认识有偏颇时，正是笔者通过思想引领为"优秀"正名、明晰标准为"优秀"画像，让教师树立了"优秀应该实至名归"的信念，让教师正确认识了"评优"的意义，这样才改变了教师对评优的不正确理念、态度和行为，学校的评优活动才回到了正轨。

2. 满足"高层次需要"的评优结果是提升教师内驱力的原动力

在物质条件相对丰裕的时代，低层次的生理、安全、社交需要教师不需要太多的努力便很容易得到满足，那么，基于认可、尊重的"高层次需要"的评优得以实现后就能激发教师的工作动机和积极性，学校评优就是一种"高层次需要"的激励。案例中当选的老教师从安于现状、排斥荣誉到积极追求自己的专业发展，很大程度的工作动力来源是评上了"市级优秀教师"，这种获得荣誉的认可让她树立了信心，看到了自己的价值和使命。评优之后，该老师积极的工作使得自己在"教师读书""师徒结对""课堂教学"中不断取得成绩，成绩的获得又会不断获得学校的肯定和同事的尊重，这种"高层次需要"的满足让教师工作的效能感得以提升，内驱力也得以激发。

3. 基于"NLP"的评优标准是引领教师积极向上的关键

NLP思维逻辑层次理论认为，人的大脑在处理任何问题的时候都会有六个层次，即环境、行为、能力、信念与价值观、身份、精神。同时该理论认为顶层设计是最科学的方法，从精神到环境逐步分析，先认清确定自己的精神追求，再由精神追求散发开去，逐步导出身份、价值观、能力、行为、环境的具体追求，这才是思维逻辑层次的科学应用方法。该案例中学校在评优时出现"送人情"等问题的根本原因是教师安于现状，只关注环境和行为的改变、能力的提升，缺乏做一名优秀教师的价值追求和为教育事业奉献的精神。学校修订优秀标准，从精神层面给优秀教师定义，引导教师做"立足农村和爱生如子"的奉献型教师，做"促变教学"的实干型教师，做"不甘落后"的学习型教师，做"卓有成效"的创新型教师。清晰的优秀教师画像引导每一个教师关注具体的精神和价值追求，然后再关注身份、能力等，由上而下散发开去，不断探寻生命的意义，提升自我，为实现外源目标（职业价值）和内源目标（自我价值）的统一而走出"躺平"，走向"奋起"。

拓 展

教师节"优秀教师"评选推荐方案

为了正确评价教师的德才表现和教学效果、工作实绩，促进教师队伍整体素质的提高，为教师职务晋升、聘任和待遇分配等提供依据，现根据上级有关党政群机关、事业单位

117

工作人员年度考核的通知精神，结合我校教育实际情况，对教师教师节评优推荐，提出以下方案。

1. 评选范围

在职在编教师。

2. 评优项目

推荐市区级优秀教师人选。

3. 评优条件

（1）基本条件：按照教育局文件执行。

（2）学校优秀教师评选标准：能够正确贯彻执行党和国家的路线、方针、政策，模范遵守国家的各项法律、法令和规章制度，做到"敬业爱生，务实创新"，是"热爱教育和爱生如子"的奉献型教师，是"促变教学"的实干型教师，是"不甘落后"的学习型教师，是"卓有成效"的创新型教师。同时在师德师风、安全工作、传染病防控等重点工作中能按要求落实职责，未出现失职渎职的现象。

4. 评优原则

（1）休假（工伤除外）超过一个月，含休产假的教师，不予评优。

（2）教育教学中出现重大安全事故的教师，不予评优。

（3）体罚、变相体罚、家教家养等违反师德师风的教师，不予评优。

（4）评先评优原则上优先考虑进入学校工作一年以上的教师。

（5）按照实事求是的原则，杜绝照顾性评优。

5．评优程序

（1）宣传动员。利用工作群发动全体在职在编教师根据评优条件进行自评，教科室根据评优文件核定入围人员名单并公示。

（2）教研组互评。入围的教师按照教师评价标准进行教研组互评，各教研组按比例提名参评人员。

（3）民主评定。获得教研组提名的教师面向全校教职工进行简要述职，述职时间不超过 2 分钟。述职之后全体教师进行民主评议，开始无记名投票。民主评议占 60%，按得票数排名计分，第一名计 60 分，第二名计 58 分，第三名计 56 分，依此类推。

（4）校长办公会议（校务会议）确定。评优领导小组根据提名教师平时教育教学工作情况、近几年评优情况、群众评议意见等综合评定进行民主投票。领导小组评议占 40%，按得票数排名计分，第一名计 40 分，第二名计 38 分，第三名计 36 分，依此类推。学校校务会根据民主评议和领导小组评议总分确定评优推荐名单。

（5）学校党支部会议确定。学校支部委员会（副校长列席）对校务会议评选结果进行讨论和发表意见，党支部书记根据与会人员的意见确定评优推荐人员名单。

（6）公示。学校将评优结果以书面形式公示，如对评优结果有不同意见，应在接到通知之日起 3 日内，向学校党支部提出复核申请。党支部在认真进行调查研究广泛听取各方意见的基础上，3日内提出复核的处理意见，并以书面形式通知其本人。

（7）上报。填写相关表格，并上报区教育局。

6. 纪律要求

（1）任何人在评优前不能拉票贿选，如有违反取消评优资格。

（2）如有风格高尚者提出让出优秀，那么由领导小组核定的下一名替上，以此类推。

（3）未尽事宜由评优领导小组裁定。

案例二：指向科学幼小衔接的家校共育实践探索

背景

幼小衔接对于孩子成长非常重要。但由于家长缺乏对幼儿身心发展规律的正确认识，从而使得幼小衔接阶段家庭教育存在一些问题。

1. 幼小衔接教育组织形式小学化。家长在进行幼小衔接时为了简单了事，就会在春季或者七八月份暑假期间把孩子放在社会培训机构中的幼小衔接班。而这些培训班在教学形式上往往采用小学的教学模式，师讲生听，从而大大减少孩子的活动体验，以认字、学拼音、做计算题来代替游戏活动，加之教学者又不是专业的小学教育工作者，知识教学中的形式就会更机械，更强调重复与死记硬背。

2. 幼小衔接教育目标单一化。部分家长只是注重知识的传授，却不会关注孩子进入小学的习惯培养、思维发展和

学习品质的提升。这样,孩子进入小学后学习的自信很难维
持多久,同时因为提前学习还容易让孩子出现课堂学习注意
力不集中现象。

3. 幼小衔接教育阶段化。一是目前幼小衔接基本都是
两张"皮"。孩子在上幼儿园时,家长不知道小学阶段的培
养重点,进入小学后,又大多不去考虑孩子幼儿时期的个体
特征,一味按照小学要求来教育孩子,从而使得幼小衔接无
法融合。二是即便衔接也只考虑孩子们 9 月份开学的那几
天,使得幼小衔接只是走一个过场。

鉴于以上原因,我校从 2019 年开始,每年的 7 月至第
二年 6 月都会开展指向科学幼小衔接的家校共育实践探索。

做 法

一、小书信,大理念

党的教育方针提出了"培养德智体美劳全面发展的社会
主义建设者和接班人"这一目标,苏联教育家苏霍姆林斯基
也认为应该培养全面和谐发展的、富有创造的精神、充实的
合格公民和幸福的个人。那么,如何让一年级新生的家长能
够树立全面育人的大理念,我校坚持每年在给新生颁发通知
书时给一年级新生家长写一封书信,书信简短而理念鲜明,
根据榜样教育理念倡导家长以身作则;根据自然教育和创新
教育理念倡导家长走进自然实现高质量陪伴;着眼立德树人

倡导良好家风建设；根据有效沟通原理倡导家长学会倾听；着眼孩子阅读素养倡导形成书香家庭氛围。通过短短的一封信让家长们感受到给予孩子们适当的锻炼、合适的营养、充分的休息，加上大自然的阳光、水、空气以及适当的劳动，就会让孩子们拥有健康的身心，打下未来学习的潜在支持基础。

二、小手册，大衔接

《小学入学适应教育指导要点》中指出：学校要为儿童适应做好准备。那么，家庭教育同样也应该为儿童做好准备。幼儿园小朋友自大班毕业至小学一年级 9 月份入学，间隔 2 个月暑假，这一时期的家长积极作为可以更好地让幼小衔接无缝，增强入学适应性。为此，学校编写了一本《新生成长手册》，其内容是依照义务教育阶段"五项管理"设计的"幼小衔接习惯养成教育"。主要有按时作息、安静阅读、每天锻炼、手机管理、学会倾听、学会整理等基本生活和学习习惯养成，同时倡导每天在固定时间完成一个家务劳动以帮助孩子锻炼意志力，每天书写自己的名字以帮助学生在入学时能进行基本的社交。一本小小的手册收到了大衔接的效果。家长们用心陪伴孩子每一天，既关注孩子的睡眠、读物、体质、手机管理和劳动实践，又关注孩子的学习习惯和品行培养，从而帮助孩子真正做到入学时身心适应、社会适应、生活适应和学习适应。

三、小学校，大转变

《关于健全学校家庭社会协同育人机制的意见》中要求：学校应加强家庭教育指导，积极开发家庭教育指导资源，广泛传播科学教育理念和正确家庭教育方法。我校针对幼小衔接实际情况，于 2019 年 8 月成立了一年级周末家长学校，精心设计课程，扎实推进家庭教育培训。首先，幼小衔接家长课程设计基于前期调研。学校通过前期问卷调查发现，部分家长不了解一年级孩子的成长特点，对孩子上学后即将出现的各种"状况"估计不足，没有做好充分的心理准备，他们迫切需要掌握家庭教育的方法，需要掌握如何根据儿童特点选择合适的读物并进行读书方法的指导。因此，我们把一年级周末家长学校的主题确定为"为科学无缝的衔接助力"。其次，幼小衔接家长课程设计凝聚了团队共同智慧。围绕周末家长学校研修主题，我们在家庭教育专家张晓阳、刘翠红、刘正华以及本校优秀教师的共同努力下构建了《清水塘小学一年级周末家长学校课程》，制定了《清水塘一年级周末家长学校培训方案》。再次，幼小衔接家长课程设计体现科学的学习理论。美国教育学家 Edgar Dale 在 1969 年提出的"学习金字塔"，指出学习内容平均留存率最高阶段是复述和教授他人。基于此学习理论，一年级周末家长学校课程设计总体思路如下：

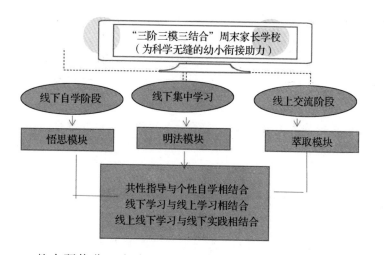

整个研修分三个阶段即暑假期间的线下自学阶段、每月最后一个周六上午的线下集中学习阶段和最后一个月的成果展示阶段。每个阶段学习其中一个模块。第一阶段的悟思模块是通过暑假读书自学与儿童发展和教育相关的经典书籍，如《教育与脑神经科学》《家庭心理学》等书籍，以启发家长结合家庭教育进行思考，树立自己正确的家教理念，反思自己在家庭教育上的不足。第二阶段的明法模块，基于幼小科学衔接设计了名家课程，邀请专家或成功的家长进行经验分享，从而让家长在与名家的对话中掌握正确而科学的幼小衔接方法。第三阶段的萃取模块基于成果导向设计了家长教育成果汇报，家长萃取经验，专家点评，指导家长将成果进行分享和推广。在培训方式上家长学校体现了三个结合，即共性指导与个性自学相结合、线下学习与线上学习相结合、线上线下学习与线下实践相结合。最后，课程实施上做到了常态扎实。成立了班委会，建立了班级 QQ 群，好书推荐，同研共享变成了常态。项目管理上有组织机构、相关制度、职责要求和评价考核。

学校一年级周末家长学校虽然只有 200 多人，但小小的家长学校却大大转变了家长观念，为营造绿色的教育生态奠定了基础。

四、小活动，大交流

教育家尼尔说过："在一个和谐的家庭里，子女从小受到温暖互助的愉悦气氛陶冶，自然就会形成开朗善良、乐于助人的优秀品格，并且充满自信，自觉努力学习，积极进取，再加上父母循循善诱和精心施教，将来必定能够成为有所作为的人。"由此可见，良好的家庭氛围是孩子健康成长的基础。学校积极开展亲子活动来助力学生家庭实现亲子交流。

一是新生开学第一天的"入学礼"。进校门给每一个孩子点朱砂痣，开笔送希望；家长与孩子一道"校园巡礼"让孩子们在逐一挑战和胜利闯关中知晓校园规则，学习问候、洗手、垃圾分类、排队、上下楼梯、如厕等基本礼仪；通过参观校园、制作名片等，熟悉校园环境，结交朋友。

二是在一年级第二学期的家长开放日活动。那一天，学校特邀一年级父母走进校园，体验精彩课堂，感受校园生活,见证孩子们成长中的温暖点滴。家长们在一天时间内不仅会观摩语文、数学、美术、音乐等多门学科课堂教学,近距离了解孩子在学校学习的情况,还会与孩子们开展亲子运动会、亲子定向越野活动等,家长和孩子们在亲子活动中相互鼓励、相互配合,团结协作,展现了一幅幅温暖的场面。无论是仪式满满的"入学礼",还是丰富多彩的家长开放活动,不仅为家长了解孩子学习提供了桥梁平台,更重要的是家长与孩子们度过了和谐快乐的且有意义的一天,进一步促进了学校教育与家庭教育紧密联动,形成促进儿童健康成长的教育合力。

反 思

其一,系统的学习可以改变家长的教育理念与行为。影响力模型理论认为树立榜样、培养信念和加强理解,通过正式的机制进行加强、人才培养和技能提升是改变理念和行为的四大杠杆。该案例中暑假期间的家庭教育指导会让家长对科学的幼小衔接有正确的认识和理解,从而帮助家长树立零起点学习的信念,这样,家长们便不会再随意地把孩子放在外培的幼小衔接班而简单了事,而是会重视孩子们专注力、倾听力、思维力等学习品质的培养,会重视孩子们身心、生活、社会适应性教育。孩子们进入小学之后,通过培训当家长家庭教育能力日益提升之后,会树立教育好自己孩子的信心,自然也学会放慢脚步,降低要求，顺其自然给予孩子们适应小学校园学习生活的时间，紧跟学校的"双减"要求，培养学生学习兴趣和提升学生全面素养。

其二，理论与实践相结合的家庭教育指导会更有效果。美国教育学家 Edgar Dale 在 1969 年提出的"学习金字塔"理论指出，学习内容平均留存率最高阶段是复述和教授他人。本案例中的家长周末学校课程设置了三个模块内容，除了有自学和专家讲座的理论学习外，还有经验分享和成果展示。每周的经验分享时，刚开始学校并未作具体要求，大家随意发挥，各抒己见，逐渐地，学校开始引导家长将所学理论用于日常家庭教育之中，并结合家庭教育实践来进行分享。可以是案例，也可以是故事；可以是成功的，也可以是失败的；这样的分享是经验萃取，是理论的运用与提升。经过学习—实践—分享，既促进了实践的指导，又使理论得到了进一步加深，家长们的家庭教育能力也在理论和实践结合中逐渐得以提升。

拓 展

一年级周末家长学校课程安排表

1. 研修模块

模块分类	时间	地点	参加人员	活动形式
模块 1：主题授课	每月第四周周六上午 9：00 至 10：30	学校多媒体教室	一年级家长	专家讲座
模块 2：育儿经验分享	每月第四周周六晚上 7：00 至 8：00	QQ 群		网络研讨
模块 3：家校开放（亲子活动）	2020 年 4 月中旬	学校		1. 走进课堂 2. 亲子活动
模块 4：亲子共读	自由安排	自主安排		1. 亲子共读 2. 协助孩子完成读书心得

2. 主题授课和网络研讨安排

序号	时间	内容及人员安排	地点	主讲人	主持人
1	2019.08.30	1. 课题：与时俱进，做一个优秀爸妈 2. 讨论主题：幼小衔接，你准备好了吗？	多媒体教室QQ群	周满意	彭老师
2	2019.10.26	1. 课题：学会沟通，营造良好亲子关系 2. 讨论主题：让孩子养成独立的好习惯，家长如何把握好度？	多媒体教室QQ群	刘教授	周满意
3	2019.11.15	1. 课题：如何促使孩子更爱学习 2. 讨论主题：辅导孩子作业有何妙招？	多媒体教室QQ群	张老师	蒋老师
4	2019.12.21	1. 课题：陪伴是送给孩子最好的礼物 2. 讨论主题：陪伴孩子不当，可能会导致出现哪些问题？	多媒体教室QQ群	蒋老师	陈老师
5	2020.02.22	1. 课题：家庭教育从细节入手 2. 讨论主题：孩子没有时间观念怎么办？	多媒体教室QQ群	余老师	易老师

序号	时间	内容及人员安排	地点	主讲人	主持人
6	2020.03.28	1. 课题：低年级孩子的思维培养 2. 讨论主题：如何让孩子关注并理解父母的感受？	多媒体教室 QQ群	刘老师	周满意
7	2020.04.25	1. 课题：低年级阅读习惯的养成 2. 讨论主题：你是如何引导孩子爱上阅读的？	多媒体教室 QQ群	罗老师	蒋老师
8	2020.05.25	1. 讲座主题：好父母，坚持爱的原则 2. 讨论主题：孩子被欺负了，作为父母该怎样帮？	多媒体以上教室 QQ群	蒋老师	彭老师
9	2020.06.20	1. 主题：家长育儿经验交流 2. 总结：评选优秀学员 3. 亲子活动	体育馆		易老师

3. 推荐书目

《这样爱你刚刚好·我的一年级孩子》《正面管教》《欢迎来到一年级》《儿童心理学》《如何与孩子好好说话》《半小时爸爸》《了不起的狐狸爸爸》《猜猜我有多爱你》系列绘本等。

案例三：新建学校校本培训模式初探

背景

　　教师是学校发展的关键，校本培训是教师专业发展的重要途径。近二十年来，以校为本的教师培训一直备受关注，也是国内外教育研究的热点。然而，近几年，由于城市的扩张，新建学校如雨后春笋，加之受编制局限，教师流动性日趋频繁，从而使新建学校教师培养问题也尤为突出。我当时所在的学校成立于 2011 年 9 月，学校教师队伍发展特点如下：一是人数增长快，七年间学校教师从 19 人发展到了 120 人。二是学历层次高，100％的本科学历，研究生学历达到了 10％。三是年轻教师多，教师平均年龄一直保持在 29 岁至 30 岁。四是教师流动性大，每年教师流动人数为 30 人以上。五是老教师缺乏激情，新教师缺乏教育教学能力。基于这些问题，学校确定了"乐教善育　润物无声"的教风，"乐教善育"要求教师在思想上热爱教育事业，具备丰富的专业知识及专业技能；"润物无声"则要求教师尊重学生，理解学生，珍爱生命。通过"乐教善育，润物无声"让学生们接受潜移默化、润物无声的"唤醒"教育，春风化雨、不着痕迹的"润泽教育"，和谐自然、如沐阳光的"欣赏教育"。

如何形成这一风尚，学校提出了"一核三策"的校本培训模式。一核以"乐教善育，润物无声"为核心，采用"践行制度文化""培养人文素养""提升教学胜任力"三项策略。

做 法

一、在践行中认同学校制度文化

学校文化影响着教师的专业发展以及教师对教育教学的态度，制度文化更是教师专业发展的保障。因此，培训教师的首要任务就是让教师认同学校的文化，了解学校的制度。为了让教师认同学校文化，自觉贯彻学校的办学理念，学校首先让教师在参与中认同。一是参与学校文化建设方案的讨论；二是参与班级文化建设；三是通过教代会、听证会等形式参与学校制度建设的讨论。其次让教师在培训中知晓学校文化的内涵。组织学习老子的《上善若水》等篇章，领会"水"润物无声的内涵，明确教风内涵和要求；组织学习学校相关制度，给每一位新来的老师颁发教师手册，手册内容有《校园行为准则》《教学常规制度》《教师禁语》等，让每一位进入学校的教师知晓学校的教师管理制度。再次在督查下让教师践行。学校实行校长室每周一巡、教导处每天一巡的两巡制度和每学期开学、期中、期末的三查制度。巡查内容有教师到岗、教师学生课堂准备、年级教学、学科教学、整节课教学、教师教案撰写、学生作业批改等情况，每学期根据巡查评选学校教学常规先进个人。"两巡三查一评"让巡查与听课相结合，指导和督促相结合，促进老师们将践行教风成为一种内心的自觉。

二、在系统培训中奠定人文素养

一个教学技巧娴熟课堂调控能力高超的教师如果没有开阔的人文视野与正确的教育价值观念以及独立自主的人格，那么他就会走向平庸，永远只是一个教书匠。因此，我们通过校本培训唤醒教师专业成长意识，升华他们的生命情怀，让他们对自己的职业有了真诚而又理性的思考，对教育教学充满了求知与探索的强烈欲望，让教师在校本培训中感到幸福而不是负担。

（一）创新周二例会，以会代训

90分钟的全体教师研训分为三个环节：第一个环节是教师人文讲坛，这个环节为10分钟。每学期，学校会对教师进行调查，了解需要提升什么。因此，根据教师的需要，人文讲坛的内容有艺术、文学、书法、化妆、优生优育、穿衣搭配等。讲座的老师基本上是学校的专业教师。基本程序是老师们学期初根据自己的需要申报讲座项目，提交讲座稿子，教科室进行审核。例如，为了提升教师的审美素养，提高艺术欣赏能力，由学校在艺术方面富有专长的老师分别进行民族音乐《金蛇狂舞》和芭蕾舞剧《天鹅湖》的欣赏讲座，学校有良好的古诗词修养的语文老师给大家赏析苏轼不同风格的词。针对年轻人多，卫生老师还给大家开展"优生优育"讲座。人文讲坛开设以来，受到了老师们的热烈欢迎。艺术作品的欣赏带给老师们身心的愉悦，提升了老师们的审美情趣。对于开展讲座的老师来说，准备的过程就是提升他们自身专业素养的过程。第二个环节是专题培训。这个环节为 40 分钟，主要内容针对老师们生活或者教学中的问题开展讲座、经验交流等多种形式的主题培训。既有专家对教师进行教师成长和师德方面的培训讲座，又有学校骨干教师的讲座，如课堂常规管理、家长沟通等专题都是培训的主要内容。第三个环节是教育箴言分享。这个环节为 20 分钟，主要内容是介绍对教育名言的理解，其目的是向老师们推介教育大师、哲学家们关于教育与人生的智慧思考，让大家拥有宏观的视野，在忙碌繁琐的工作中还能仰望星空，反思自己从何处来，往何处去。第四个环节是发现最美教育。这个环节是 20 分钟，一般一两个人发言，可以是学校的各个部门负责人对本月的部门工作进行总结，要求不是简单地回顾，而是说巡查中看到的老师们工作中值得发扬的细节，以便有针对性地引领大家积极向上，也可以是老师们去发现身边的最美教育以及感人的事迹，通过发现最美教育，用激励的方式在老师们中间形成一种积极的态度，对老师们来说就是一次结合学校实际情况的校本研训，同时对学校各部门的负责人来说，也提出了更高的要求，必须关注细节，认真思考。

（二）务实读书活动，以读促悟

苏霍姆林斯基说：一个学校可以在很多方面是不足的、简陋的，但是只要有了书，就是一所学校了。为了营造读书氛围，学校的教职员工，从校长到中层，到教师，都是爱书人。我们要求年轻老师撰写阅读史，引导教师回顾自己的成长与阅读的历程，帮助教师形成阅读的自觉。教师在撰写阅读史的过程中，都认识到阅读对于自身成长的重要影响，从而产生了迫切的阅读愿望。

学校会给老师们推荐阅读书目。如《给教师的建议》《正面管教》《儿童纪律教育》等。苏霍姆林斯基的《给教师的建议》，我们选择的是根据主题进行重新组合的版本。每个星期的例会上，都有一位老师分享自己的阅读心得。《儿童纪律教育》，这本书的阅读让教师们学习了解孩子，尊重孩子，帮助孩子，做符合儿童天性的纪律教育。

在教师阅读这一方面，我们强调"三个一"，即每周一篇文章，每篇文章都留有空白供大家批注。每月开展一次"图书漂流"，教科室会组织老师们共读套书，如由二十一世纪出版社出版的"公民读本"有 5 本，学校一共购买了 8

套。学校将全校教师分为若干个组，小组内轮流阅读，要求老师们在阅读时将自己的阅读感受和思考批注在书上。这样，共读就成为大家思想交流的平台。每年学校还会利用读书节举办教师诗歌朗诵会，每年设定一个主题，其目的就是引导老师们热爱诗歌，拥有诗意般的情怀。

"学校为我们提供了比较专业的教育书籍，我开始了真正的阅读，并开始积极地做读书笔记。在书中，我沉思过，顿悟过，警醒过，也热血沸腾过。越读书，越发现自己的浅薄和无知。也正是因为认识到了这一点，才会激励我们不断求知、不断探索。"这是一位年轻教师的读书心得。正是读书让老师们提升了自己的生命品质，对教育多了一份信仰，对教师职业多了一份崇敬，对学生多了一份热爱。

（三）分层培训，以培树"信"

青年教师强则校强，青年教师发展则学校发展。为了打造优质青年教师队伍，学校成立了青年教师成长课堂和骨干教师培训班。这两个培训班是学校分层培训教师的最好体现。所有进入学校的老师，不管您是新教师还是老教师，都必须参加一年的青年教师成长课堂，其目的就是传扬学校文化，增强教师的归属感，领会学校的校风、教风，形成正确的教育教学理念。骨干教师培训班更着眼于青年教师的长远发展，旨在培养教育教学技能精湛，有理性、有热情、有教育情怀的新一代教师。

1. 青年教师成长班

学校青年教师成长课堂每学年举办 1 期，每学期至少开展 20 次活动。在每次学习之前，都会安排 10 分钟的经典诗歌诵读，提升教师人文素养的同时，也让老师们的心在诗歌中沉静，以良好的状态进入专题学习之中。每次活动教科室都会精心设计主题。例如，"从《窗边的小豆豆》看童年，看教育""观看电影《热血教师》，进行网络研讨""谈我的教学智慧"等。

2. 骨干教师培训班

主要对象是来到学校 2—5 年的教师，原则上 35 岁以下的教师必须参加，35 岁以上的教师自愿参加。培训班共有 10 次活动，每周三晚上还进行网络研讨。学校开设了骨干教师培训班，主要着眼课堂教学能力提升对所有 3 年以上教龄的教师进行全员培训；开设了骨干班主任培训班，从班主任工作内容、职责、家长会组织、班级课程开设、家校沟通等方面对所有 40 岁以下班主任进行全员培训；开设了骨干数学教师培训班，从备课、上课、作业批改、计算教学、解决问题教学、图形教学等方面对全体数学老师进行系统培训，等等。

青年教师成长课堂和骨干教师培训班给年轻人提供了开阔视野、相互交流、畅谈教育的良好平台，提升了老师们的教育情怀和品质，也在一定程度上提高了他们在教育教学行为中的独立思考能力，让年轻教师形成开阔的人文视野，积极向上的教育心态，更重要的是让老师们树立了教育的信仰，对教师职业有了更深的理解和热爱。

三、在教研实践中提升课堂教学"胜任力"

课堂教学是教师实施教育教学的主阵地，也是培养教师课堂教学"胜任力"的主阵地。

（一）日常课重指导

日常课是最真实的课堂，也是教师成长的沃土。学校很重视对教师日常教学指导。学校各年级组坚持开展集体备课。在集体备课之前要求老师们通读教材及教师用书，了解每个单元的训练重难点，形成自己对每一课内容的教学设计想法，即"心案"；然后同年级组老师们对整个单元进行研讨，形成简单框架，即"简案"；最后教师根据本班学生情况对统一教案进行修改补充，形成适合本班的"个案"。这样一来既保证了教学目标的达成，更重要的是让年轻教师在讨论中学会了如何处理教材和设计教学。备好课的目的是上好课。因此，学校领导每周对日常课进行巡视和随堂听课，发现问题及时和教师反馈，如果是共性问题，就组织有针对性的培训和实践。例如，在听课的过程中，发现部分教师对教学内容把握不准，教学目标不明确，学校各教研组便开展以"制定合宜的教学目标"为主题的研讨活动。

（二）研讨课重解决问题

每学期学校都会确定专题开展课堂研讨活动。例如，9月份开学，语文组就会有针对性地对一年级开展识字教学、拼音教学、阅读教学研讨，对三年级开展作文教学研讨。同时，针对巡视和教师的需要，教研组还会有针对性地确定专题，其目的就是为了解决教育教学中的问题。例如，学校领导在巡课中发现有些年级语文教师无法有效地根据学情落实集体备课的教案，于是教研组开展"同课异构"教研活动，让老师们感受不同学情，其教学方式也应有所差异。

（三）竞赛课重打磨

竞赛是教师锻炼的一个良好舞台。学校很重视选派教师参加各级各类教学竞赛。我们珍视每一次参赛机会，在赛前，创造一切条件对教师进行教学指导。首先，教研组内根据参赛教师确定的教学内容进行集体研讨，大家集思广益，确定教学思路和流程，备出详案；之后，参赛教师进行第一轮试教，邀请学科教研员进行专业指导，参赛教师对课程的设计进行调整和修改并进行第二轮试教，教研组集体听评课，形成第二次教案；最后教师进行第三轮试教，学校领导根据参赛教师存在的教学语言的组织、教态、提问点拨、评价等问题，进行手把手地指导，一对一反复模拟。

教师的日常教育教学实践、教育教学研究与校本培训紧密结合，成为校本培训的一个主要内容，又成为教师日常职业行为规范，从而更有力地推进教师的自我发展、自我提升、自我创新和自我超越。

正是学校对课堂教学重视，我校的青年教师在参加市区级课堂教学比武中捷报频传。两年来，学校举行全校性课堂教学比赛和课堂开放活动 4 次。教师在市级课堂教学比赛中获奖 6 人次，区级赛课中获奖 19 人次。学校也获得全国创新教育百强学校、湖南省校本研训基地等 50 多项荣誉，接受媒体正面采访报道达 20 余次。

反 思

一、教师队伍建设是新建学校健康发展的关键

教育大计，教师为本。一所学校的发展归根结底是教师的问题。上述案例中，我们处处可见学校对教师培养的重视。从教师进入学校的入职培训、校长的送书送笔，到有计划地创办青年教师成长课堂，再到结合教师教育教学实践的手把手指导，老师们在阅读、聆听、交流、实践、反思中历经摸爬滚打，优秀的教师就是这样百炼成钢、破茧成蝶的。也正是青年教师的迅速成长才让这所新建学校能够声名鹊起，并获得社会好评。

二、立足需要的校本培训才能真正促进教师专业发展

需要是动力的源泉。上述案例中，学校深知经验丰富的中年教师对教育怀揣理想，但也存在一定的职业倦怠，处于专业发展的"瓶颈"期，他们需要的是教育情怀的培养。因此，学校让他们在校本培训中担任分享者、指导者，让他们通过校本培训找到职业幸福和人生的价值。而更多的刚刚参加工作的新教师，他们愿意学习，精力充沛，对工作有着满腔的热情，他们具备一定的教育心理学知识，但缺乏与儿童沟通的经验、缺乏课堂教学的经验、缺乏分析教材和把握教材的能力，有的连驾驭课堂的基本能力都亟待加强。他们需要的是教学能力的培养，因此精心设计"青年教师成长课堂""班主任专题培训""学科教学专题培训"和日常课、竞赛课、研讨课的"磨课"，从而满足他们提升课堂教育教学技能的需要。正是学校满足了不同年龄段教师的培训需要，老师们才能积极投入到学校的校本培训中，认真学习，积极思考，不断成长。

"青年教师成长课堂"活动方案

一、指导思想

全面贯彻党的教育方针,提高学校办学质量,提升学校办学品位,不断提升优秀教师荣誉感,树立学校良好形象,推动学校工作健康、持续发展。加速教师队伍建设,尽快培养、构建一支思想品德高尚、业务能力强,教学手段先进、教学技艺精湛,适应素质教育需要的优秀教师队伍。

二、"青年教师成长课堂"成立的背景和意义

我校教师队伍整体呈年轻化,近两年来,新聘教师达到15人之多,还有4名初登讲台的代课教师,对这些青年教师的培养,是学校校本研修的工作重点。青年教师代表学校的未来,他们得到正确的培养,必将成为学校优秀教师与骨干教师的来源,从而造福于学生,造福于学校发展。学校决定成立"青年教师成长课堂",是学校打造优质师资队伍的重要措施。

三、培养目标

着眼于教师的长远发展，旨在培养教育教学技能精湛，有理性、有热情、有教育情怀的新一代教师。

此目标又细分为三个层面：

1. 具备较强的课堂常规教学执行能力。

2. 形成较强的教育教学反思能力。

3. 拥有较宽广的教师文化视野。

四、活动思路

1. 实行"两条腿走路"，不仅关注教育教学技能的提高，更关注教师的文化内涵的积淀和精神追求的指引。

2. 采取课堂集中研修与日常自主学习相结合的方式。

五、培养对象

学校近两年招聘的青年教师以及所有愿意参加学习的教师。

六、活动时间

双周星期一下午 4：00—5：00。

七、本学期课程安排

时　间	学习主题	具体内容
第一周	做一个有理想情怀的教师	黄老师主讲：以奔跑的姿态前行 （谈自己成长心路历程，并介绍新教育网络师范学院学习情况）
第三周	我的阅读史	撰写"我的阅读成长史"，并交流。
第五周	积极管理	1. 学习干国祥老师《积极管理》一文 2. 分享观点：我看"积极管理" 3. 案例评析
第七周	制定适宜的教学目标	1. 制定适宜的教学目标 2. 分组学习学科教学目标制定相关文章 3. 结合课例，分组制定教学目标
第九周	课堂设问技巧	1. 相关理论学习 2. 提问案例评析 3. 针对具体课例，设计课堂提问
第十一周	班级活动开展	观摩班级活动 学科教学实践活动设计与实施
第十三周	即时评价	1. 案例分析：特级教师的课堂评价 2. 交流：学科教学中的德育渗透
第十五周	教师经验分享	请两到三名教师结合具体案例谈自己的教学感悟，并开展讨论
第十七周	实践拓展活动	拟举行一次实践活动，教师准备节目表演，融文化熏陶于娱乐之中

八、其他学习方式

除了以上这些研修主题学习，"青年教师成长课堂"还拟从以下几个方面开展学习活动。

1. 每次学习前开展诗歌诵读活动，一是帮助教师静下心来进入学习状态，二是提高教师文学素养。

2. 在"校本研修群"中开设"今日分享栏目"，教师轮流分享自己喜爱的书籍、诗歌、名言等。

3. 组织教师专业阅读：共读《儿童纪律教育》，并分享阅读其他读物。

案例四：创新学生日常奖励形式，激发学生内驱力

背 景

2020 年 10 月，中共中央、国务院印发了《深化新时代教育评价改革总体方案》（以下简称《方案》），作为中小学校，应该树立科学的质量观，发挥评价"指挥棒"和"激励"作用，全面承担起立德树人"五育"并举的任务，引导学生的自觉和自我发展。为了让每个学生都能够发挥自己的特长，找到自己的闪光点和价值，以获得成功感，从而更自信，学校将日常奖励改革成学分制奖券（代币法）奖励，设置了"五福争章"机制。

一、科学制定"五福争章"的评价制度

一是全面实施"五福争章"。学校在"全人"育人理念下实行"五福争章"评价，将学校日常活动与"争章"评价紧密联系起来，以促进学生学会做人、学会学习、学会创造、学会发展。德福章代表思想品德，围绕国家认同和国际理解、公民意识与道德实践、人际关系与团队合作展开评价；智福章代表学业水平，围绕符号运用与沟通表达、系统思考与解决问题、科技信息与传媒素养展开评价；健福章代表身心健康，围绕身心素质与自我管理展开评价；美福章代表艺术素养，主要评价学生的艺术涵养与审美素养；创福章代表社会实践，主要评价学生的自我管理与诚实劳动。

二是科学制定评价标准。

德福章：道德与法治课堂学习认真，学业合格；习惯养成活动中获得优秀；积极参与端午、国庆等传统节日活动；参与录制"清"听红声、走进名家等，并认真收听，撰写听后感；积极参加红色研学活动并获得优秀；在一日常规评比、卫生评比、传染病防控评比中表现突出；积极参加志愿者服务、捐赠等活动。

智福章：语、数、英、科学课堂学习认真，期中期末考试成绩达到合格以上；在语、数、英、科学等学科比赛中积

极参与并获奖；积极参加学科节、数学节、英语节、阅读节、科技节等活动。

健福章：认真上好体育课，每天参加大课间活动，在期末体育学科测试中达到合格以上；在国家学生体质健康测验中达到合格以上；积极参加校级以上的田径运动会、跳绳运动会、体育节等活动，并能取得优异成绩或者进步显著；熟练掌握篮球、花样跳绳两项体育运动技能，或有一项体育特长并一以贯之，并考核合格。

美福章：认真上好每一节艺术课，美术、书法、音乐等期末测评达到合格以上；熟练掌握诸如尤克里里、书法两项艺术技能，并一以贯之；在音乐、美术、舞蹈、戏剧、戏曲、影视、书法等方面有一项伴随终身的艺术特长，并在区级以上获得奖励；积极参加校级以上的艺术节、"三独"比赛、艺术展演活动，并获得优异成绩或者进步显著。

创福章：学会自我管理，能制定好寒暑假学习计划并努力执行；积极参加大扫除、劳动实践、社会实践等活动；积极参加学校的护绿、环境保护等活动；掌握系鞋带、整理书包、煮饭、洗小物件等生活技能。

三是公示评价制度。把奖励制度制作成海报张贴在学校公示栏中或者利用公众号推送，让全校师生知晓相应制度。

二、学生争集奖章

"五福争章"活动以一学年为周期，贯穿学生整个学期的学习生活，学校组织的每一次活动都进行个人和团体评奖。学校根据学生参与相关活动情况，给学生发放相应"福"章，班主任督促学生在《争章手册》中进行收集。达标的奖励一律为1枚"福"章，优秀和进步显著的奖品根据制度进行颁发。每年六一儿童节，班主任组织学生对所获得的"福"章进行分类统计，评选不同等级的相应"福"之星。

三、最喜爱的奖品大调查

大队干部通过采访了解学生最喜爱的奖品是什么，再面向全校学生进行"学生喜爱的奖品大调查"，奖品类型分为食品类、文具类、玩具类、活动类等。奖品既有物质的，如植物种子、水彩笔、旺仔牛奶等，也有精神类的，如免作业卡、担任升旗手等。调查结束后对数据进行统计分析，确定学生最喜爱的奖品。

四、设置奖品兑换市场

学校在每学年期末设置"福"章兑换奖品跳蚤市场，所有奖品一一摆开，每一个兑换场地都对奖品进行海报介绍和宣传，每一个柜台由教师担任兑奖师。学生带着自己积累的已经被统计过的"福"章在班主任的组织下自主自由有序兑换物质的或者精神的奖品，如植物的种子。免作业卡，担任升旗手、校长小助手等。

五、完成活动型奖品的实施

学生兑换到的活动型奖品可在下一学期开学后向学校提出申请，由相应部门负责人安排活动型奖品的实施。如"点歌""担任升旗手""担任校长小助手"由少先队进行安排，"免作业卡""与教师玩游戏"由相应任课教师进行安排实施。

反 思

"福"章积累的过程是幸福的，兑奖的过程更是愉悦的。更重要的是让学校评价有了更多的温情，主要体现在以下。

一、实施"三全"评价，关注每一名学生

"五福争章"评价改变了以往简单以考试成绩评价学生的做法，学校不再以分数给学生贴标签，而是顺应了《方案》中德智体美劳全面发展的育人要求，实现了对学生综合素质的全面评价；"五福争章"评价改变了"一次考试论英雄"，而是将评价贯穿于整个学期，关注到学生在学期中的所有学习活动，实现了对学生学习全过程的评价；"五福争章"评价改变了以往只关注优秀学生的"评优"评价，而是面向全体学生。学生在学习和各项活动中只要参与，或者获得合格以上成绩就可以得到"福"章，实现了对全体学生的评价和激励。

二、实施增值评价，关注了学生的成长过程

怀特海说："教育的目的在于激发和引导人们的自我发展之路。""五福争章"评价不仅关注优秀学生表现，还关注了进步显著学生。这种增值评价从关注"表现最佳的学生"，转向关注"态度更积极的学生"，既可以让教师发现每一名学生的实际进步状况，进而做到因材施教，又可以增强每一名学生的自信，让他们找到自己的闪光点和价值，提高学习的效能感，促进自我发展。

三、实现持续多元评价，关注学生的全方位

"五福争章"奖励需要学生不断努力，长期坚持，只有"福"章积累到一定程度才能获得相应评价和进行兑换奖品。同时，"争章"的过程既有教师参与评价，家长也可以成为评价的主体，这样使得评价的主体更加多元，评价就更客观，更全面。

学生奖券兑奖制度

为了提高学生参与活动的积极性，培养学生良好的行为习惯，特制定此制度。

1. 兑奖时间：每学期的结业典礼

2. 兑奖地点：学校大操场

3. 兑奖形式

兑奖当天，学校会在操场举办跳蚤市场，学生在班主任老师组织之下，在学校规定的时段内，拿着奖章自行兑换奖品。兑换之前数清楚自己手中的奖章数，根据自己手中所获奖券学分数量，想好所兑奖品，准确无误地告诉兑奖老师然后兑奖；在兑奖过程中，要依次有序地排队，不能拥挤。

4. 兑奖细则

奖品	奖章数	奖品	奖章数	奖品	奖章数
小挂件1个	1枚	真彩水性笔	2枚	1本书	10枚
布娃娃1个	3枚	铁皮文具盒	3枚	当1次升旗手	5枚
四驱玩具车1辆	5枚	文具袋	5枚	发卡1对	3枚
德芙巧克力1块	3枚	徐福记棒棒糖1个	1枚	贴画1张	1枚

奖品	奖章数	奖品	奖章数	奖品	奖章数
跳绳1根	3枚	奥利奥饼干1袋	3枚	种子1粒	5枚
乒乓球拍1个	3枚	旺仔小馒头1袋	1枚	广播站点唱1首歌	1枚
乒乓球2个	1枚	担任执勤员1天	5枚	黑皮本	2枚
铅笔1枝	1枚	免1次作业	3枚	肉肉植物	20枚
真彩水性笔芯	1枚	与老师玩1次游戏	3枚	校长妈妈陪你过生日	20枚

5. 奖章发放细则

（1）个人获奖发放奖券细则（层层选拔）

等级	标准	等级	标准	等级	标准
全国一等奖	10枚	全国二等奖	5枚	全国三等奖	3枚
省级一等奖	5枚	省级二等奖	3枚	省级三等奖	2枚
市级一等奖	3枚	市级二等奖	2枚	市级三等奖	1枚
区级一等奖	2枚	区级二等奖	1枚	区级三等奖	1枚
校级特等奖	2枚	校级一等奖	1枚	校级二等奖	1枚

（2）个人获奖发放奖券细则（未经过层层选拔）

等级	标准	等级	标准	等级	标准
全国一等奖	3枚	全国二等奖	2枚	全国三等奖	1枚
省级一等奖	3枚	省级二等奖	2枚	省级三等奖	1枚
市级一等奖	3枚	市级二等奖	2枚	市级三等奖	1枚
区级一等奖	2枚	区级二等奖	1枚	区级三等奖	1枚
校级特等奖	2枚	校级一等奖	1枚	校级二等奖	1枚

（3）班级团体获奖发放奖券细则（层层选拔）

等级	标准	等级	标准	等级	标准
全国一等奖	100 枚	全国二等奖	80 枚	全国三等奖	60 枚
省级一等奖	80 枚	省级二等奖	60 枚	省级三等奖	50 枚
市级一等奖	60 枚	市级二等奖	50 枚	市级三等奖	40 枚
区级一等奖	50 枚	区级二等奖	40 枚	区级三等奖	30 枚
校级特等奖	40 枚	校级一等奖	30 枚	校级二等奖	20 枚

（4）班级团体获奖发放奖券细则（未经过层层选拔）

等级	标准	等级	标准	等级	标准
全国一等奖	50 枚	全国二等奖	40 枚	全国三等奖	30 枚
省级一等奖	50 枚	省级二等奖	40 枚	省级三等奖	30 枚
市级一等奖	50 枚	市级二等奖	40 枚	市级三等奖	30 枚
区级一等奖	50 枚	区级二等奖	40 枚	区级三等奖	30 枚
校级特等奖	40 枚	校级一等奖	30 枚	校级二等奖	20 枚

清水塘小学

2020 年 11 月

小故事，大道理。

国旗下讲话如何让小学生能听懂，我想到了"故事"，每一个故事都蕴含着大道理。于是，从2020年4月开始，每周一早晨成为我和孩子们的约会——校长妈妈讲故事。

第三辑

校长讲故事

爱国主义教育

我爱我的祖国——中国

亲爱的老师、同学们：

早上好！

我们常说自己有两个母亲：一个是生我、养育我们的妈妈，另一个就是让我们幸福成长的祖国妈妈。那我想问问一、二年级小朋友，你们知道我们的祖国叫什么名字吗？

对！她叫中华人民共和国（中国）。

同学们，我们的祖国是美丽的。滚滚长江、滔滔黄河、昆仑莽莽、五岳巍峨、五湖胜景、四海碧波、天山飞雪、妖娆南国……

我们的祖国是文明的。盘古开天的神话，"四大发明"的荣耀，老子孔子的圣明……

我们的祖国是先进的。中国高铁翻山越岭，超级计算机全球最快，激光技术世界领先，九天揽月、手摘星辰已经实现……

生活在中国的人民也是幸福的。疫情面前勇于担当，一方有难八方支援，人民至上，生命至上……

著名学者季羡林说，我对生我的那个母亲和祖国母亲都怀着同样崇高的敬意和同样真挚的爱慕。同学们，你们是祖国的花朵，也是祖国的未来，你们应该真挚地热爱我们伟大的祖国。

首先，我们要用善的行为热爱我们的祖国。从爱同学、爱老师、爱父母、爱亲人开始，把爱播撒到我们的身边的每一处；从爱国旗、爱国歌、爱国徽做起，处处维护祖国的尊严。

其次，我们要用美的行动建设我们的祖国。让我们的校园更美丽，让我们的家庭更温馨，让我们的社区和谐，让我们的长沙、我们的祖国更美好！

最后，我们要树立远大理想报效我们的祖国。树立远大的理想，要勿忘国耻，铭记"落后就要挨打"；树立远大的理想要有"民族复兴"的责任担当，要有志在千里的情怀；树立远大的理想，要坚定信念，脚踏实地！

同学们，少年强则国强，少年富则国富，少年进步则国进步，少年胜于欧洲，则国胜于欧洲，少年雄于地球，则国雄于地球。新的历史时期，让我们更加热爱我们的祖国，从小立下强国报国的志向，为实现中华民族伟大复兴而奋斗不息！

10月1日就是一年一度的国庆节。最后祝老师、同学们国庆节快乐！

爱国，从成为最好的自己开始

亲爱的老师、同学们：

新学期好！慈牛摇尾杳然去，福虎献瑞入户来。首先祝愿你们乐学习，虎年展虎姿，健身心如猛虎出山，虎虎生威！新年第一天，我想跟大家聊聊"爱国"。

什么是爱国？爱国，顾名思义就是对祖国浓浓的爱。同学们，从古到今，中国历史上出现了许多爱国之士。伟大的爱国诗人屈原"路漫漫其修远兮，吾将上下而求索"的名句激励着我们不断积极向上，民族英雄文天祥"人生自古谁无死，留取丹心照汗青"表现了为国尽忠的慷慨激情，周恩来13岁就立下了"为中华之崛起而读书"的豪情壮志，更是值得我们学习。无产阶级革命家方志敏身在狱中，心系国家，写下了一篇散文《可爱的中国》，极大地激励了每一位共产党人的斗志，为可爱的中国而献身。

著名科学家钱学森，他身在异国，可报效祖国的愿望一直深藏于心，当他受到拘捕、审问，甚至软禁时，他回归祖国的念头从未因阻挠而放弃，即便困难重重，即便置身险境，钱学森仍然向往着祖国和故土，为祖国贡献自己的学识才智。20世纪五六十年代，他和当时的一批科学家成功研制了"两弹一星"，同时他成为我们国家的"火箭之王"。

吉林大学地球探测科学与技术学院教授黄大年说："振兴中华乃我辈之责"。他是这么说的也是这么做的。20世纪90年代，黄大年带着科技强国的心愿，出国留学、工作，成为国际著名的航空地球物理学家。当祖国召唤他时，他放弃国外的优厚条件，回国带领科研团队寻求技术突破，直到生命的最后一刻。

同学们，爱国不仅仅是要有家国情怀，更重要的要用知行合一的态度让自己全面发展，成为最好的自己、卓越的自己，这样长大之后，我们才会有能力去报效祖国。科学家钱学森3岁时已能背诵上百首唐诗、宋词，还能用心算加减乘除，5岁时已可读懂《水浒传》。他上小学时，与同学玩用废纸折的飞镖。钱学森开动脑筋，折叠的飞镖有棱有角，特别规整，每次比赛总是他投得最远，投得最准。他学习认真，以优异的成绩从北京师范大学附属小学毕业后就升入北京师范大学附中，然后就读上海交大，留学美国麻省理工学院。我想，正是他优异的成绩才奠定了他成为科学家的可能。

同学们，我们每一个人都是国家的一员，要想国之富强，首先要成为卓越的人。

如何才能成为卓越的自己呢？我把这四句话送给大家：健身心、乐学习、追科星、向未来。

首先请大家把自己的身体锻炼好，让自己拥有健康的身心；其次，要热爱学习，课堂专注，通过学习让自己的德智体美劳全面发展，更要让我们的大脑变聪明；最后更重要的是要有科学家们的爱国之心和拼搏毅力，为祖国的未来奉献自己的光和热。

❸ 与孩子们聊电影《长津湖》

亲爱的老师、同学们：

大家上午好！

岁月如梭，我们已经迎来了本学期第七周，今天我想利用升旗仪式跟大家聊一聊电影《长津湖》。

师：在国庆的假期里，有哪些同学看过电影《长津湖》？

师：清水塘小学的同学们真不错，这么多同学利用假期观看了这部电影。那么，这部将近三个小时的电影，哪些场面让你感动？

生：七连炮兵团的团长雷公英勇牺牲的场面让我非常感动，他为了保护其他志愿军战友的生命，开着载有信号弹的车牺牲在山谷中，这个场面让我泪奔。

师：是的，雷公为了整个部队的安全，他将信号弹放在摩托车上，自己开着车子奋力地往远方奔去，最后被敌人的炮火炸死。他这种为了他人，不怕牺牲的精神令我们十分敬佩。还有印象深刻的场面吗？

生：这部电影让我印象最深刻的是影片最后，美军师长史密斯在撤退途中看到了中国战士的"冰雕连"，有感而发说的话："面对如此有决心的敌人，我们永远无法战胜他们。"

师：是呀！志愿军的精神，连我们的敌人都被"感动"了。当时，一排志愿军战士在零下40多摄氏度的阵地上手握钢枪，保持着战斗队形和战备姿态，成建制地集体被冻僵，成为一座不怕牺牲的精神丰碑，载入军史。

师：除了这两个场面，其实还有很多的场景让我们感动得落泪。志愿军战士们在零下40摄氏度时穿的是什么？

生：单衣薄裤，棉袄无法保证每人一件。

师：尽管如此，他们却不怕寒冷，用坚强的意志坚持战斗。

师：当美国军人们在吃自助餐的时候，而我们的志愿军指战员吃的是什么？

生：冻僵的土豆。

师：是的，志愿军缺乏食物供给，伍万里咬土豆时把牙齿都硌崩了。电影中这样感人的场面还有很多很多，我想大家一定感受深刻吧。

同学们，中国人民志愿军为了保家卫国，为了中国人民的长久幸福，不惜前仆后继、赴汤蹈火。他们用必胜的信念和决死作战的精神打败了美帝国主义，这种精神永远值得我们敬仰。我们作为中国少先队员，应该传承这样一种精神，从小听党的话。在此，我也给大家提出三个要求：

一是要珍爱生命。生命来之不易，现在平安幸福生活是无数革命先辈甚至我们上几代人艰苦奋斗的结果，我们作为小学生，要倍加珍惜，在成长过程中学会自爱自护。

二是要努力学习。每个年龄阶段有每个年龄阶段的职责，作为小学生，你们的主要任务是学习。毛主席说"好好学习，天天向上"。课堂是我们学习的主阵地，我希望同学们能认真倾听每一节课，积极思考，勇于表达。孔子曰，温故而知新。因此，不仅课堂重要，课后也不能忽视，一定要在课后加强巩固练习。如果你当天不复习所学，知识就可能会被遗忘。同时，我们不仅要学好语数外，还应该学好音体美，更应该学好科学、道德与法治等学科，做到天天有收获，时时有进步。

三是要爱惜粮食。粮食是农民伯伯辛苦种植出来的，每天的餐食也是食堂叔叔阿姨辛勤制作而成。在此，我倡议大家实行"光盘行动"，将所剩的饭菜吃完，既可以保证一天的营养，又可以做到节约。

同学们，营养是身体健康的原材料，学习是生命成长的基础，安全是生命之本。让我们学习抗美援朝志愿军精神，树立安全意识，均衡饮食，好好学习，努力成长为担当民族复兴大任的时代新人，做共产主义事业的接班人。

理想信念教育

全面发展，让理想之花精彩绽放

亲爱的老师、同学们：

早上好！

我今天讲话的题目是《全面发展，让理想之花精彩绽放》。上一周，中国航天员中心人因工程全国重点实验室主任、国际宇航科学院陈善广院士来到了我校举办讲座，并与部分学生进行了交流。今天我们就来了解一下陈善广院士的故事。

陈善广院士6岁半开始读书，当时小学要读6年，陈善广爷爷只读5年就以优异成绩毕业了。

他热爱学习。他在课堂上听课很认真，看书时很入神，外面再吵再闹他都能坐下来读书。他学习勤奋，经常在半夜里还在煤油灯下看书做作业。一到寒暑假，他大多的时间也一个人在房间里看书。他在学习上从不偏科，门门成绩都很优秀。上学的时候，他很有自制力。每周周末，他父亲单位都会放一场电影，但他从来没去观看过，别人在看电影，他却在家里读书。夏天很热，蚊子特别多，他看书时就会穿着长衣长裤，再端来一盆冷水，将双脚放在水里来降体温；冬天很冷时，又没火烤，学习的时候他就靠跺跺脚来增加身体热量。

他注重锻炼。寒暑假里，他每天早晨都会定时起来锻炼；上学期间，学校组织的体育活动他都积极参加。

他热爱文艺。他多才多艺，歌唱得好，拉得一手好二胡，笛子也吹得好。假期里或放学后，学习累了，他偶尔也会拉一下二胡或吹吹笛子，来调剂自己的学习生活。

正是陈善广院士在小学初中时候养成了良好的学习习惯，打下了全面发展的基础，在追求理想的路上他才会克服一个又一个困难，并取得卓越的成就。

同学们，你们是祖国的未来，小学也是打基础的时候，希望你们向陈善广院士学习，做一个全面发展的学生，长大之后让自己的理想之花精彩绽放，成为能促进国家发展和人类进步的栋梁之材。

🌀 养育之情，反哺之爱

亲爱的老师、同学们：

早上好！

今天我给大家带来《乌鸦反哺》的故事。乌鸦是一种通体漆黑、面貌丑陋的雀鸟，因为过去人们觉得它不吉利而遭到人类普遍厌恶，然而这种无法登上大雅之堂，也入不了水墨丹青的鸟类，却拥有一种真正值得我们人类普遍称道的美德——那就是孝老、养老。

乌鸦爸爸妈妈从孩子出生就会精心地哺育自己的孩子。晴天时，它们会张开翅膀为小乌鸦充当遮阳伞；雨天时，它们会为小乌鸦遮风挡雨；傍晚的时候，它们会让孩子躲在翅膀下以防着凉，乌鸦爸爸妈妈还会四处捉虫喂养他们，直到自己动不了。然而，当乌鸦爸爸妈妈年老体弱不能捕食或者飞不动的时候，小乌鸦们就会四处寻找可口的食物，衔回来，嘴对嘴地喂到母亲的口中，回报母亲的养育之恩，并且从不感到厌烦，一直到老乌鸦临终，再也吃不下东西为止，这就是人们常讲的乌鸦反哺的故事。在李时珍《本草纲目》中是这样记载的：慈乌，此鸟初生，母哺六十日，长则反哺六十日。意思是说，小乌鸦长大以后，老乌鸦不能飞了，不能自己找食物了，小乌鸦会反过来找食物喂养它的母亲。

乌鸦尚有反哺之情，我们作为一个有着完全人格的人，更应该要孝顺自己的父母。

首先，孝顺父母要学会爱护自己的身体。古人云："身体发肤，受之父母，不敢毁伤，孝之始也。"也就是说，一个人的身体，哪怕一根发丝，一点皮肤，都是父母赐予我们的，我们的身体与生命不仅是自己的，也是父母给的。我们要保全自己的身体，不敢有毁伤，这是孝道的开始。

其次，要践行"孝顺"二字。尽心奉养是孝，顺从父母是顺。因此，我们不仅要帮助父母做力所能及的事，还应该听从父母的教导，不顶撞，不抱怨。要做到表里如一，做一个听话且积极向上的好孩子。

再次，在精神上要关心父母。每天主动问候父母，注意言语上的礼貌，做到和颜悦色，比如"再见""请""谢谢"要常挂嘴边；有时间多跟父母聊天、交流、汇报，让父母享受天伦之乐；要记住父母的生日，在父母生日或者是父亲节、母亲节、三八妇女节、重阳节时用自己的方式表达祝福，表达感恩。

同学们，从今天开始，让我们一起做一个孝顺父母的人。

勤俭，从我做起

亲爱的老师、同学们：

早上好！

今天，我给大家讲一个关于勤俭的故事。我国古代春秋时期有一个贵族、外交家季文子，他家三世为相，自己也为官 30 多年。他一生俭朴，穿衣只求朴素整洁，除了朝服以外没有几件像样的衣服，每次外出，所乘坐的车马也极其简单。见他如此节俭，有个叫仲孙的人就劝季文子说："您身为上卿，德高望重，您这么不注重容貌服饰，不是显得太寒酸，让别国的人笑话您吗？这样做也有损于我们国家的体面，您为什么不改变一下这种生活方式呢？"季文子听后淡然一笑，对仲孙严肃地说："我也希望穿得高雅些，但是看到百姓还有许多人吃着粗糙得难以下咽的食物，穿着破旧不堪的衣服，还有人正在受冻挨饿；想到这些，我怎能忍心去为自己添置衣物呢？况且，一个国家的国强与光荣，只能通过臣民的高洁品行表现出来，并不是以他们拥有华丽的服饰来评定的。"季子文一番话说得仲孙满脸羞愧，同时也使得他内心对季文子更加敬重。此后，他也效仿季文子，十分注重生活的简朴。

从这个故事中，大家感受到了季文子怎样的品质？是呀！勤俭就是勤劳和节俭，是我国一种传统美德。那么，作为一名小学生，我们如何做到勤俭呢？我给大家提两点建议。

一方面，节约资源，做一个节俭的人。一要节约用电。全体师生从自身做起，从身边小事做起，要做到人走灯灭、及时关机和切断电源。办公室没人不开空调，个别学生留在教室时要少开灯。二要节约用水。水龙头随用随关，避免长时间流水；发现水龙头坏了及时报告，避免因设备损坏引起的水源浪费；在家里一水多用，用洗衣服的水冲厕所、用洗脸水浇花等。三要节约用纸。不随便撕、扔书本和作业本，作业本空行空格规范，不浪费。四要节约每一粒粮食。吃多少盛多少，盛多少吃多少。五要尽量不使用一次性用品。尽量减少白色污染；尽量用手绢代替纸巾，用瓷杯、玻璃杯代替纸杯和塑料杯，用自动铅笔代替木杆铅笔，用钢笔代替水性笔。

另一方面，节约时间，做一个勤劳的人。一是珍惜早上的时间。入校立即进教室，入室则静，入座则读；二是珍惜课堂的时间。在课堂上要专注，在有限时间内达到最好的学习效果。三是珍惜课余的时间。学会合理安排课余时间，有计划开展运动、阅读、劳动、实践活动等，让课余生活更有意义。

"真正检验我们的不是言辞，而是行动。"虽然我们现在做的只不过是一些微小的事，但是应该坚信如果人人具备勤俭的品质，从自己做起，从小事做起，我们的世界就会更美好。

日行一善，世界因你更美好

亲爱的老师、同学们：

早上好！

今天，我给大家讲一个关于雷锋的故事。一天。雷锋带了几个干馒头，披上雨衣前往车站乘车去沈阳。路上，雷锋看见一位妇女背上背着一个小孩，手上牵着一个小女孩。雷锋想都没想，脱下身上的雨衣就披在大嫂身上，又抱起小女孩陪她们一起来到车站。上车后，雷锋见小女孩冷得直发抖，又把自己的衬衣脱下来给她穿上。雷锋估计她们早饭没吃，就把自己带的馒头给她们吃。火车到了沈阳，天还在下雨，雷锋又把她们送到家里。那位妇女感激地说："同志，我可怎么感谢你呀！"雷锋说："不要感谢我，应该感谢党啊！"

雷锋走到哪，好事做到哪。从刚才这个故事里，我们可以感受到雷锋是一个善良的人。中国传统文化历来追求一个"善"字：待人处世，强调心存善心；与人交往，讲究与人为善；对己要求，主张善心常驻。作为小学生，我们也应该做一个善良的人，我们的日行一善不仅能够感动身边的人，更能让这个世界更美好。那么我们如何做到日行一善呢？

日行一善应该从身边的小事做起。比如，路上看见一些小石块碍人走路，你弯腰把它捡起来，给予了行人方便，这就是一善。

日行一善应该从孝顺父母开始。对父母和颜悦色，关心问好，让家庭更加幸福，这就是一善。

日行一善应该从团结同学开始。与同学友善相待，尊重互助，让班级更加和谐，这就是一善。

日行一善应该从尊敬老师开始。对老师尊敬有礼，问候有心，让校园更有暖意，这就是一善。

日行一善应该从爱护公物开始。一花一草皆生命，一枝一叶总关情，爱护课桌椅，爱护花草，爱护环境，让校园更美丽，这就是一善。

同学们，积水成渊，积沙成塔，日行一善的意义在于积少成多。以感恩之心对待每一天，坚持日行一善，世界就会因你更加和谐、美丽！

一年之计在于春

亲爱的老师、同学们：

早上好！

你们知道昨天是什么节气吗？（雨水）。雨水是二十四节气中的第二个节气。古代将雨水分为三候："一候獭祭鱼，二候鸿雁来，三候草木萌动。"说的是雨水节气来临，水面冰块融化，水獭开始捕鱼了。水獭喜欢把鱼咬死后放到岸边依次排列，像是祭祀一般，所以有了"獭祭鱼"之说。雨水五日后，大雁开始从南方飞回北方。再过五日，草木随着地中阳气的上腾而开始抽出嫩芽。此后，大地渐渐开始呈现出一派欣欣向荣的景象。

在我国古代有许多与雨水节气相关的古诗，我来给大家读两首。第一首杜甫的《春夜喜雨》："好雨知时节，当春乃发生。随风潜入夜，润物细无声。野径云俱黑，江船火独明。晓看红湿处，花重锦官城。"第二首韩愈的《早春》："天街小雨润如酥，草色遥看近却无。最是一年春好处，绝胜烟柳满皇都。"

从古诗中我们可以感受到雨水节气春季降雨开始，降雨量极多，以小雨或毛毛细雨为主，进入雨水节气，气温回升较快，大部分地方春意盎然，一幅早春的景象。

古人云，一年之计在于春，那么在这美好的春天里，我们应该如何珍惜呢？

春天是勤奋学习的好季节。春日芳菲好，读书正当时。春天气温适宜，空气清新。无论是教室、书吧，还是操场，捧一本书，细细品读，其乐融融。春天不可负，读书要趁早。春天是一年的第一个季节，万事开好头，趁着春光开始阅读，可以为自己的一年甚至一生的成长打下坚实的基础。

春天是开始劳作的好季节。春天是农作物的播种季节，更是万物生长的季节，勤劳的农民伯伯开始了一年的劳作。我们可以在美好的春光里开展劳动实践，播种、施肥，用心经营班级的劳动基地，为校园的欣欣向荣贡献力量。

春天是锻炼身心的好季节。雨水后，春风送暖，致病的细菌、病毒易随风传播，故春季传染病常易暴发流行感冒。我们在注意饮水、饮食卫生的同时，还要加强身体锻炼，增强抵抗力，预防疾病的发生。生机勃勃的春天也是同学们增长肌肉，长身高的好时节，更需要积极锻炼身心。一是要坚持做好每天的课间操，上好每一节体育课，回家之后多在户外活动。二是雨水节气，阴寒未尽，气温变化大，虽然不像寒冬腊月那样冷冽，但由于人体皮肤已变得相对疏松，对风寒之邪的抵抗力会有所减弱，此时应该注意"春捂"。三是雨水期间天气变化无常，容易引起人们的情绪波动，要多参加美育活动，陶冶性情，保持情绪稳定。

同学们，"一寸光阴一寸金"。让我们抓住春天这个美好的时光多读书、多劳动、多锻炼，成为一个活泼、健康、聪明的学生。

🌀 态度决定人生

亲爱的老师、同学们：

早上好！

今天，我"在国旗下讲话"的题目是《态度决定人生》。

态度决定人生，有什么样的态度就有什么样的人生。如果你只会抱怨，那么你就会与困难和不满成为朋友。抱怨不会改变你的命运，它只能徒增你的烦恼和困惑。如果你心中充满阳光，那么你就会与自信和成功成为朋友，积极的心态会让你增加无限的快乐。

人们常说"人生不如意十之八九"，但只要拥有积极的生活态度，一切的失意都是前进的动力。大发明家爱迪生，小时候家里买不起书，买不起做实验用的器材，他就到处收集瓶瓶罐罐。一次，他在火车上做实验，不小心引起了爆炸，车长甩了他一记耳光，他的一只耳朵就这样被打聋了。生活上的困苦，身体上的缺陷，并没有使他灰心，他更加勤奋地学习，终于成了一位举世闻名的科学家。"唐宋八大家"

之一的苏东坡因"乌台诗案"被贬谪，这一跤让他先贬黄州，又贬颍州、惠阳，最远贬到海南儋州，面对人生低谷，超强的乐观精神救了他。东坡放言："百年须笑三万六千场，一日一笑，此生快哉！"于是，黄州城外赤壁山前开怀一笑，《赤壁赋》《后赤壁赋》和《念奴娇·赤壁怀古》等千古名作便横空出世，奠定了他中国文化伟人的历史地位。

同学们，生活可能会给你带来一些不幸或麻烦，这时千万不要抱怨，不要气馁，只要你努力应对，不断拼搏，就一定能够克服困难，迎来成功与幸福。

⑤ 悦纳自己，向阳而生

亲爱的老师、同学们：

早上好！

今天我"在国旗下讲话"的题目是《悦纳自己，向阳而生》。记得在我读小学的时候，有这样一位大姐姐，她 5 岁的时候因病高位截瘫，只能坐在轮椅上。医生预判她只能活到 28 岁。但她的父母没有放弃，她自己更没有放弃，顽强地与病魔做斗争。她没有去学校上过一天学，但她自强不息，刻苦学习，自学完成了小学、中学、大学课程，获得了硕士学位。她自学了德语、日语、英语，还学会了医术。她经常给乡亲们看病，坚持翻译和创作，作品已经达到了 100 万字。可以说，她是我读书时代的好榜样，她叫张海迪。几十年来，张海迪自强不息、积极向上的精神激励着我永远在学习的路上，激励着我克服了生活中一个又一个困难。前两天，我在新闻中得知她如今 68 岁了，依然幸福生活着，还当选了中国第七届残联主席团主席，让我不由得更加钦佩。

今天，我利用国旗下讲话的时间，把她的故事分享给大家，希望用她的精神激励你们悦纳自己，向阳而生。

首先，悦纳自己要有正确自我认知。正确自我认知就要悦纳自己的不足。每个人生活中都会有不可逾越的缺点或者困难，那我们努力了还不能跨越就要学会欣然接受。张海迪面对高位截瘫，可能有过沮丧，有过痛苦，她的父母为了给她治病也做了很多努力，但是不能站起来已经成为现实，她学会了接受，才能化痛苦为力量。正确认知还要学会为自己的优点与长处喝彩，并在日常的学习和生活中尽力发挥自己的长处。张海迪就充分发挥了自己学习能力强的优势，最后获得较高的学历；正确自我认知还要学会坦然面对成功与失败。成功的时候要尽情去体验成功带来的喜悦，失败的时候要认真总结，在教训中成长。

其次，悦纳自己要学会理性平和。张海迪面对生命中的病魔，难免也会有情绪低落的时候，但她在父母的帮助和自己努力之下学会了自我调节和管理，所以才能在长期的自学中做到乐观开朗、自立自强。我们生活中也会遇到许多不如意的事情，我们不仅有同理心和换位思考的能力，还要在情绪表达上做到开放包容。

最后，悦纳自己要乐观积极向上。我们学校的校风是"文明活泼，乐观进取"，就是希望大家积极向上，向阳而生。积极向上表现在做事有计划，见行动，有始有终，只有坚持不懈方可静待花开。张海迪也是因为十几年的刻苦求学才能学业有成；积极向上还表现在既受得起表扬，又能接受得批评。只有这样，你的人生之船才会在表扬和批评的平衡中安稳行驶。

　　同学们，本周四是"5·25"，你们知道它的寓意是什么吗？就是"我爱我"。希望大家爱自己，并永远保持乐观进取之心，让自己的生命之花绽放得更精彩！

以最好的心态迎接期末考试

亲爱的老师、同学们：

早上好！

这一周是本学期倒数第二周。三到五年级的同学们，你们知道期末考试的时间是什么时候吗？对，是下周一。说到考试，你们是怎样的心情？

今天，我想给你们讲一个李时珍的故事。李时珍是我国古代的医药学家，被人称为药物学界的泰斗，他编写的《本草纲目》是中国首部中医药古籍。在李时珍生活的明代，考试也很多，院试考上称为秀才，乡试考上称为举人，会试考上称为贡生，最后一关是殿试，考上才称为进士。李时珍在14岁的时候考取了秀才，他连续参加三次乡试都落选了。三年才有一次乡试，这个时候李时珍已经23岁了，可还是一个秀才，于是他向父亲表明了自己的志向，决心子承父业，一心钻研医学。他在行医中积累经验，在阅读医书药典中提升医术，同时还萌生了重修本草药典的想法。他从35

岁开始着手编写《本草纲目》，穿上草鞋，背上药篓，带着徒弟、儿子远涉深山旷野，访遍名医宿儒，搜寻民间验方，观察和收集药物标本，在他60来岁的时候终于编写成了《本草纲目》。

从这个故事中，我们可以看到李时珍身上许多优秀的品质是值得我们学习的。

第一，坚持读书。青少年是读书的好时期。李时珍一次又一次乡试落榜，依然能够不气馁，摔倒了爬起来继续学习，继续参加考试。尽管考了三次都没有考中举人，但他青少年时期的学习为他一生积累了知识，磨砺了意志。

第二，扬长避短。李时珍从小生活在医学世家，耳濡目染使他对本草很感兴趣，读书应试不行，就从自己擅长的草药开始学习，并立志专心研读医学。

第三，坚持终身学习。李时珍一生都在学习。行万里路，在生活中、在大自然中学习中草药知识。读万卷书，在皇家的书库中阅读医药经典。这也是他成为医药学家最重要的品质。

同学们，每一个学期我们也会有考试，小学阶段的考试不是选拔，而是检测、是诊断。我希望同学们一是认真复习，查漏补缺。考得好不要骄傲，总结经验，形成自己的学习风格，继续钻心学习。考得不好也不要气馁，学会反思，趁暑假自学补上知识的漏洞。我们的人生是长跑，生活中有许多考试，每一次考试都不是终点，只是我们生活中的一次经历，一个插曲，我们要怀着美好的心情去迎接它。决定我们一生的从来都不是一次考试，应该是一以贯之的终身学习精神和积极向上的阳光心态。

最后，祝愿大家始终秉持永远在学习的路上的理念，勤学、专注、乐思、好问，为自己终身学习奠定基础。

全面发展教育

🌀 热爱阅读

亲爱的老师、同学们：

大家上午好！

4月23日是世界读书日。其实，在我国的古代，有许多关于读书的故事。今天，我想结合一些故事跟大家聊聊读书。

首先，读书要"勤奋"。清代著名画家郑板桥小时候天资并不聪颖，记忆力也不好。但他就在"勤"字上下功夫。每次阅读一本书，郑板桥为了记住书本上的内容，总是要比别人多读几遍。碰到一些经典的书籍，他还会读上百遍，直到融会贯通，彻底弄懂才肯罢休。由于郑板桥勤奋努力，终于成为清代著名的画家、书法家和诗人。同学们，在阅读中，如果你们也有"读书破万卷"和"书读百遍"的精神，那么一定能成为一个知识渊博的人。

其次，读书要"坚持"。鲁迅少年时代在南京矿路学堂读书，当时的矿路学堂办学比较开明，学生看书报也比较自由。鲁迅求知欲十分强烈，除学习功课外，他还广泛阅读古代小说、野史、杂书和从西文翻译过来的"新书"。由于家境并不宽裕，为了求知，他把自己好不容易得来的金牌变卖了，然后买了几本书，又买了一串红辣椒，当晚上寒冷时，夜读难熬时，他便摘下一个辣椒，放在嘴里嚼，辣得浑身直冒汗。他就用这种办法驱寒坚持每天读书。同学们，古人云：拳不离手，曲不离口。每天练嗓子，你的歌声才会越来越美，每天练基本功，你的舞姿才会更标准。同样的，鲁迅正是坚持每天刻苦读书，才成为我国著名的文学家。我想，只要你们做到挤时间天天读，多读纸质书，养成良好的读书习惯，日积月累，一定也会拥有"腹有诗书"的高雅气质。

再次，读书要有方法。美学家朱光潜说：读书至少要做到两点：第一，值得读的书至少须读两遍。第一遍须快读，着眼于醒豁全篇大旨与特色。第二遍须慢读，须以批评态度来衡量书的内容。第二，读过一本书，须笔记纲要和自己的意见，记笔记不仅可以帮助你记忆，而且可以逼得你仔细。各人天资习惯不同，哪种方法收效较大，不是一概而论的，会读书的人终究会找出适于你自己的方法，但读书终究不可死读书，读死书。因此，只有根据自己实际选择好的读书方法，并做到读思结合、思行结合，便可以做到知之愈明，行之愈笃。

同学们，古人的成功故事可以励志，但更多的幸福生活是来自于自己的努力和创造。希望每一位同学"让读书成为自己的一种生活方式"，在阅读中丰盈自己的思想，感受生活的幸福。

🌀 孩子们，请热爱艺术吧！

亲爱的老师、同学们：

早上好！

我今天想与大家聊一聊科学与艺术。这个学期，学校成立了舞蹈团、合唱团、号鼓队，在学校社团中增设了古筝、小号、长笛等器乐学习。上几周，学校开展了"三独"比赛和班级合唱比赛。在这些课程学习和活动参与中，我发现有这样一些不太好的现象：有些同学认为艺术团影响了自己的学习，要求退出；有些同学在合唱比赛中还不够投入和认真；有些同学因为碰到了学习的瓶颈或者在比赛中因为失败而试图放弃。那么，今天我想给大家讲一个爱因斯坦小时候的故事。

大家都知道爱因斯坦是谁吗？对，他是世界上伟大的科学家。

爱因斯坦小时候非常喜欢小提琴，他梦想自己能够成为像帕格尼尼（意大利小提琴演奏家和作曲家）那样出色的小提琴家，爱因斯坦只要有时间就会去练习小提琴。尽管他非常用心也非常勤奋，但是并没有多大的进步。爱因斯坦的父母认为他没有音乐的天赋，但为了不伤他的自尊，并没有阻止他学琴。有一天，爱因斯坦去请教一个有名的小提琴老师。老师说："你先演奏一首曲子给我听听。"爱因斯坦就演奏了他的偶像帕格尼尼的一首曲子。但却漏洞百出，曲子拉完后，老师问爱因斯坦："你为什么特别喜欢拉小提琴？"爱因斯坦说："我想成为帕格尼尼那样的小提琴家？"

老师说："你快乐吗？"

"非常快乐。"

"孩子，你快乐你就成功了，难道非要成为帕格尼尼那样的演奏家才成功吗？我认为快乐就是成功。"

爱因斯坦听了老师的话之后深有感触，他明白了快乐比成为帕格尼尼那样的演奏家更为重要。后来，爱因斯坦仍然非常喜欢拉小提琴，虽然他拉得不算好，但是他却收获了很多快乐。

实际上，不仅仅是爱因斯坦，世界上有许多伟大的科学家，他们同时也是艺术爱好者。如哥白尼（波兰天文学家、数学家）、伽利略（意大利数学家、物理学家）、麦克斯韦（英国物理学家、数学家）、费曼（英国物理学家），他们都是具有艺术素养的大科学家，他们的科学成就直接推动了人类社会进步，而他们也积极投身于艺术事业中。

学习艺术除了给我们带来快乐之外，对我们的智力和能力发展是否有积极作用呢？科学家们做过一组实验，他们找到了8所公立小学的一些成绩不好的学生，让他们接受音乐和视觉方面的艺术培训。在短短七个月的时间里，这些曾经成绩远远落后于同龄人的学生有明显改进，其数学表现比正常学生高出22％。

同学们，艺术学习可以促进我们大脑发育和健康成长，同时也可以给我们带来快乐，如果最近一段时间大家在合唱比赛中、在"三独"比赛中，或者在平时的学习中，经历了失败，遇到了瓶颈，希望大家能够正确地对待，一如既往地热爱艺术。

🌀 全面发展从劳动开始

亲爱的老师、同学们：

早上好！

今天我想利用升旗仪式的时间表扬两位同学。这两位同学是我上周星期五在巡视校园的时候见到的劳动最认真的学生。

那是星期五的早晨，同学们早早来到校园。我在 8 点 05 分开始巡视校园。在巡视过程中，我走到笃志楼和敏学楼交界的楼梯间时，看见了两位同学在认真地清扫。他们一手拿着扫把，一手拿着簸箕，认真清扫着。我看见之后，对这两名学生的清扫进行了指导，他学得非常快，一下子就掌握了劳动技巧。他把簸箕放在楼梯间最下层的平地上，双手拿着扫把，一个台阶一个台阶地往下扫。扫到最后一级台阶，再把灰尘和垃圾扫到撮箕里。不一会儿，楼梯间就变得干干净净。我想如果每一个班级，每一名学生在清扫校园的时候，能够像这两名同学一样，那么我们的校园一定会非常整洁。

同样是星期五，我发现敏学楼东头楼梯间、笃志楼的小楼梯间极不干净，灰尘、脏拖把的印迹明显可见。同学们往每一层的垃圾桶中倒垃圾，使得楼道的垃圾桶很满，垃圾桶旁边尽是散落的垃圾。当天下午，我也发现综合楼与行政楼的西头楼梯间有牛奶瓶、纸屑和用过的塑料袋。我一边下楼梯一边捡，捡了满满一袋垃圾。我分析原因，一方面是因为有的班级清扫并没有到位，另一方面这些垃圾肯定是某些同学留下的。我希望从今天开始，每一个班级的同学们首先履行好自己的劳动职责，认真清扫教室，摆好教室内的劳动工具，每天擦干净班级的讲台、黑板和窗台，清扫好班级的公共区，更重要的是要爱护校园，牛奶瓶、纸屑等要扔到垃圾桶里，看见地上有垃圾要主动弯腰捡起来扔进垃圾桶。

今年，劳动已经成为一门课程进入了我们的课表，我请几位同学谈谈你们对劳动的认识。说一说，在你心中，劳动是什么？

同学们都回答得不错。的确，劳动是创造幸福生活的开端，劳动是一种锻炼，一种美德，一种修养。我记得有这样一首儿歌："人有两件宝，双手和大脑。大脑会思考，双手会创造。用手不用脑，事情做不好。用手又用脑，才能有创造。一切创造靠劳动，劳动要用手和脑。"

最后，我希望清水塘小学的每一名学生都能从自己力所能及的劳动做起，从劳动中求真、向善、尚美，做有"清水"气质的好少年。

⑨ 每天锻炼一小时，幸福生活一辈子

亲爱的老师、同学们：

早上好！

上上周的星期六到上周星期一这三天，我去了清华大学继续教育学院学习。这次去清华学习三天，两天是周末，工作日只有一天。每天的课程从早晨的八点半到晚上的九点，除此还需要课余时间完成作业。我想这就是清华追求卓越时不我待的精神。除了追求卓越，清华也非常重视体育。清华有一些关于体育的主张："不体育无清华""锻炼身体一辈子，革命工作 50 年"……由此可见，清华学子绝不是死读书，读死书，而是按照科学理论建构自己的竞争力系统。竞争力模型的金字塔理论就认为身体素质是成功系统的基础，知识是第二层，依次而上才是技能、资源，最高层次就是形成自主成长的系统。清华的大哥哥、大姐姐们重视自主成长的系统建构，重视资源整合，重视能力培养，重视知识积累，而他们更重视基础，那就是身体素质。因此，在清华校园漫步时，我们经常可以看到球场上运动的身影。

从清华到清水塘，让我欣慰的是清水塘小学的大部分学生都热爱读书，热爱运动。2022年，在全校学生体质达标中，有36%（360人）的同学达到了优秀标准，这在全区来说，成绩都是名列前茅的。在此，我对这些同学表示祝贺，也希望体育组按照学校奖章颁发标准给这些孩子颁发健福章。

本周，体育组会将小学生体质达标标准张贴在多媒体教室的外墙上，也会启动"小胖墩减肥"活动和消灭"体质不达标"活动，希望大家趁着春天这美好的季节，积极投入到体育锻炼之中。一是要认真参加大课间活动，跑好步，做好操；二是要上好体育课，在体育老师的指导下掌握更多的体育运动技能；三是放学回家在做完作业之后要到户外动一动，保证每天运动1小时，最好达到2小时，形成每天运动的好习惯。

最后，祝愿所有的同学身体好！学习好！

民族精神教育

③ 传承雷锋精神，做新时代的好少年

亲爱的同学们：

你们知道 3 月 5 日是什么日子吗？（学雷锋纪念日）雷锋出生在哪里？（湖南望城）可以说，他是我们的家乡人。雷锋走到哪里，好事做到哪里。雷锋，是一位实干家，是一个勇于探索的创新者。他用有限的生命谱写了无私奉献的赞歌，他把崇高的理想落实到本职岗位上，他以平凡的"螺丝钉"精神锐意进取、自强不息，他使艰苦奋斗、勤俭节约的作风生生不息、历久弥新。1963 年 3 月，毛泽东题词"向雷锋同志学习"，当年 3 月 5 日定为学雷锋纪念日。

那么，在清水塘小学的校史中又有哪些学雷锋的故事呢？

清水塘小学于 1936 年成立，培养了许多优秀学子，也涌现了许多学雷锋模范人物。三十几年前，清水塘小学的同学们与湖南省军区的军人叔叔、清水塘街道卫生院的医生叔叔们成立了学雷锋志愿队。这支志愿队负责帮扶清水塘街道

7位孤寡老人，每个星期日，学校志愿队的同学都去这些老人家给他们做家务活、陪他们聊天，这一活动坚持了七年。二十几年前，3名清小学子走街串巷帮助一位八十多岁的老奶奶找到了亲人，被长沙晚报报道。十几年前，"清小"的学生们捐钱捐物，为汶川地震中的人们家园重建奉献绵薄之力。这几年，学校诞生了一批学雷锋志愿者、厚德少年。追寻清水塘小学的光辉历史，我们发现，原来，雷锋一直在我们的身边。学校有的老师始终扎根在班主任岗位，将爱心奉献给了每一名学生；有的老师在教学上用螺丝钉的精神不断钻研，在学科教学领域中出类拔萃；同学们中有的在学习上孜孜以求，在体育比赛中顽强拼搏，在艺术展演中小有成绩，他们都可称为"活雷锋"。

今年是"学雷锋纪念日"59周年，作为21世纪的清小学子，我们应该怎样发扬学校的优良传统，让雷锋精神在"清小"校园继续开花结果呢？

首先，学习雷锋爱憎分明的精神，做一个忠于党、忠于人民的人。没有共产党就没有新中国，就没有我们幸福的生活。我们要坚决拥护和落实党的决定，如党中央、国务院下发的关于五项管理等文件，我们要做到每天作业时间不超过1小时，阳光体育锻炼1小时、按时作息，我认为这几条是希望同学们把身体锻炼好。上学期间不带手机，平时不玩手机、阅读有意义的书籍，我想这是希望同学们在精神上追求上进，接受正能量的信息。在生活中，忠于党就是要遵纪守法，遵守校规校纪。

其次，学习雷锋乐于助人的精神，做一个善良的人。习近平总书记说，雷锋精神，人人可学；奉献爱心，处处可为。积小善为大善，善莫大焉。要力所能及地帮助别人，当有人需要帮助时，大家搭把手、出份力。昨天，我与几位老师去龙山送教，走访了几个贫困家庭，有些孩子常年跟着年迈的祖辈过着十分贫苦的生活。我希望大家能够与他们手拉手，写信给他们给予精神鼓励，也可以在生活上帮助他们渡过难关。我想，只要我们每一个人献出一点爱，我们的社会就会变得更加美好。

再次，学习雷锋钉子精神，做一个知行合一的人。我希望大家在学习上有钉子精神，有计划、有行动、有钻研、有总结。在生活上，待人真诚，表里如一，言行一致，面对困难迎难而上。

最后，让我们每一个人奉献一点爱心，让世界因我们更美好。

🦋 做一个文明的长沙人

亲爱的同学们：

早上好！

今年的国庆黄金周里，顶流长沙再度实力圈粉，成为最受一线城市游客青睐的旅游目的地之一。

你们知道长沙为什么这么红吗？因为这里不仅有美丽的岳麓山，有繁华的黄兴路步行街，更有满城内在的文明气息。

长沙之美美在心灵。住在望城的娄底新化人王文娟家里不幸遭遇火灾，存放东西最多的主卧室已经被烧得面目全非，所幸当时老人带孩子们串门去了，没有造成人员伤亡。伤心之余，王文娟得到了来自月亮岛街道桑梓社区的关怀。社区干部第一时间来到她家，给他们送去了衣服、棉被等，居民们一早就把东西整整齐齐放在社区门口，还把王文娟一家分散住到了邻居家里。这种帮助是关爱！有一位外地老人来看病，在长沙迷路了，天心区民政局工作人员彭浩立即跟随民警出动，赶赴现场，将老人安顿到救助站，并联系老人的家人，护送老人踏上归程。这种贴心的助人为乐是温暖的！

长沙之美美在行动。交通文明，长沙人不仅做到了遵守交通法规，更做到了一盔一带，乘车排队，开车礼让行人；就餐礼仪，长沙人不仅做到了就餐文明，还做到了光盘行动，公筷公勺；城市卫生，长沙人不仅做到了垃圾不乱丢乱扔，还做到了垃圾分类；在生活中，长沙人积极倡导节能减排，保护蓝天。

长沙之美美在语言。自古以来中国人十分注重礼仪礼节，使用文明礼仪用语。问人姓名用贵姓，问人年龄用贵庚，读人文章用拜读，请人改文用斧正，请人批评说指教，求人原谅用包涵。在长沙，我们可以处处听见"请、您好、对不起、没关系"，因为有了这些美好的语言，我们生活的城市更加文明美丽。

同学们，今年是全国文明城市新一轮创建的第一年，也是创建全国文明典范城市的开局之年。作为长沙人，我希望你们不仅在校园里要做到文明礼貌，在校外也要做到"五讲"：讲文明、讲礼貌、讲卫生、讲秩序、讲道德；"四美"：心灵美、语言美、行为美、环境美。

爱鸟，从我做起

亲爱的老师、同学们：

早上好！

你们知道 4 月 1 日是什么日子吗？是的，是爱鸟日。爱鸟周就设在 4 月至 5 月的某个星期。因为气温的不一样，全国各省的爱鸟周的具体日期也略有不同。今天我想利用升旗仪式给大家讲一讲鸟的故事。

鸟是我们人类的朋友。当你对鸟儿付出爱的时候，其实鸟儿也能够深深感受到。听说有这样一位老人，他每天步行二十余里，从城郊赶到昆明的翠湖，只为了给海鸥送餐，跟海鸥相伴。

每次，老人把饼干渣很小心地放在湖边的围栏上，退开一步，撮起嘴向鸥群呼唤，立刻便有一群海鸥应声而来，几下就啄得干干净净。老人顺着栏杆边走边放，海鸥依他的节奏起起落落，排成一列翻飞的白色，仿佛飞成一篇有声有色的乐谱。

在海鸥的鸣叫声里，老人抑扬顿挫地唱着什么。侧耳细听，原来是亲昵得变了调的方言——"独脚""灰头""红嘴""老沙""公主"……

原来这些都是老人为海鸥取的名字，每次喂食，老人都会对这些海鸥亲昵地说着话。日子久了，老人便可以熟悉地叫出这些海鸥的名字。

据说海鸥最重情义，心思细腻。有一年，一只海鸥飞离昆明前一天，连连在老人帽子上栖落了五次，老人以为它是闹着玩，后来才晓得它是跟老人告别。每次读这个故事都让我感受到一种鸟与人和谐共处的美妙。

鸟是我们人类的朋友，我们也应该像这位老人一样爱护鸟类。

首先，我希望大家可以通过阅读了解鸟的知识。《国家地理珍稀鸟类全书》就记录了 300 多种珍贵鸟类。《飞禽记——鸟的故事》一书记录的是巴勒斯与各种鸟类邂逅的故事。《写给孩子们的野生鸟类大百科》是一本鸟类科普书，书中以温情而生动的文字，娓娓讲述鸟儿的故事。我们也可以通过观看纪录片，了解鸟儿们的生活。我们还可以在大自然中观察鸟儿，用日记或者绘画的形式记录鸟儿们的生活。本周画展中，有两位同学就用国画和水粉画的形式记录了花草虫鱼，表现了他们热爱大自然的思想感情。

其次，我希望大家要爱护鸟。从古至今，我国一直很重视对鸟类的保护。孔子就提出"覆巢毁卵，则凤凰不翔"的保护鸟类思想。西汉规定"鹰隼未挚，罗网不得张于溪谷""孕育不得杀，壳卵不得采"。宋朝提出了"民二月至九月，无得采捕虫鸟，弹射飞鸟"的法令，元代规定了"严禁狩猎天鹅、鹰隼"的法律。识鸟爱鸟是我们中华民族的光荣传统。如今，我们走进新时代，更应该将识鸟爱鸟行动延续下去。

最后，愿清水塘小学的每一个学子都能从自己力所能及的事情做起，参与各种保护环境的活动，为鸟类提供一个舒适的家园，为未来增添生机与活力。

后　记

　　本文成形之时，我即将"奔五"。回首凝望，我从一个 17 岁的懵懂青年，成长为有着 15 年办学经历的市级名校长，其中的酸甜苦辣都是自己成长的催化剂，我由衷地感谢一路引领、指导我的朋友们。

　　特别感谢我的老师和孩子们。无论是我带的第一届学生，还是我所在学校的每一位老师和学生，是他们对教育的赤诚之心感动了我，是他们童真的心灵感染了我，让我的教育理想能够在这片沃土上生根发芽。

　　感谢引领我成长的导师。历任区级语文教研员对我课堂教学的指导让我对教育有了更深的理解；历届教育局领导对我的信任让我有了展示自我的平台；我所在学校的每一届团结务实的领导班子对我的支持让我一直保持办好教育的热情和信心。感谢"开福教育"这个大集体，是"开福教育"良好的工作氛围让我在工作中不断思考着、实践着。

　　感谢我学业上的导师。郭娅玲、刘铁芳、常思亮、刘德华等湖南师大教科院的前辈学者。他们深厚的学术造诣，严谨的治学态度和宽厚的人格魅力是我一生的榜样。他们在百忙之中多次莅临学校指导工作，让我时刻感受到肩上的重任；他们总是鞭策我用心办教育，办出学校特色，让学生们能够健康快乐成长；他们醍醐灌顶般的启发和睿智的思想总让我在迷雾之中看到了前行的方向。感谢教科院这一集体，是教科院浓厚的学术氛围让我在工作中不断总结和反思。

感谢刘建琼、刘菲菲、周大战、龚明斌、黄佑生、刘翠红等教科研机构的专家们和校长朋友们，他们对我的指导和关心无处不在，他们用热爱教育的热情感染我，用先进的理念指导我，让我对教育更有情怀、更有担当、更有成就感。

感谢我的家人，特别是我的丈夫、儿子，让我能够心无旁骛地工作，为教育尽情奉献。

感谢湖南吉书文化传播有限公司对本书的整体策划、稿件整理、修改完善、出版事务等方面给予了诸多指导；感谢出版社的编辑对书稿进行了细致的编辑加工；感谢好朋友利琼对本书的整理付出了辛勤的劳动。

在书稿整理过程中，方才觉得自己仍需努力。作为校长，我还需要学习教育名家精深通达的理论和开拓创新的精神，这样在办学中才会更有理念、方法和效果。学校作为教育集团总校，还需要有冲锋在前领跑各校的勇气和辐射薄弱学校的担当，将办学经验不断进行推广、应用，让更多的学生享受优质教育。

周满意

2023 年 5 月 30 日